台灣如何
成為一流國家

李鴻源｜著

目錄

第二部 先有「夥伴關係」，才有一流國家

自序

政府決策過程中，缺少的是一顆「腦袋」

擔任內政部長不久，有次去探訪空勤總隊三位在莫拉克風災執行任務時犧牲的弟兄家屬。

這是當政府以光鮮亮麗的數字，告訴社會大眾，在莫拉克風災時空勤總隊出勤達五千五百七十八架次，創下歷史紀錄的同時，隱藏在數字背後的陰暗面。

年輕的生命因為救災而消失了，留下的是殷殷期盼他們再回來的老父母，年紀還小的子女，以及靠太太獨自撐起的偌大家庭重擔。

我在不忍之餘，開始仔細探討空勤總隊的體質，發現這根本是支東拼西湊的「雜牌軍」。機隊中有越戰時期的U機（UH-1H）、有B234，還有向法國買的海豚機。除海豚機外，機齡普遍老舊。面對台灣的高山地形，竟只有兩部B234可以進行高空救援。

再看看報表，飛機的妥善率（指一支機隊中飛機可以正常飛行的比率）並不高，原因在於維修備料貨源不足，維修經費編列也不夠，令我相當擔心，於是更進一步去研究人事狀況。

結果發現懂飛行的人不在管理階層，管理階層對飛行也不在行。空勤總隊的總隊長和副總隊長都是消防體系出身，底下的飛行兄弟則是從陸空軍退伍後轉業來的，他們必須通過高考以成為正式公務員，然後才有一步步往上爬的機會。這對退伍的飛行弟兄來說並不容易，因此多只能擔任較沒保障的約聘雇人員，不但待遇比一般軍方飛行員還要差，而且要在最惡劣的環境下執行救援任務。

即使要做任何改變，也被人事制度和預算編列完全卡死。我的同事冒著生命危險在執勤，長久以來，沒有人幫他們爭取應有權益，即使替他們爭取也沒有用，因為現行法規將一切都綁死。

我們用不合理的人事制度，和僵化的文官系統，去框住一支作戰部隊。因為經費不夠，部分飛機維修工作必須靠自己，但同仁的專業能力是否具足？同時因為備料不夠，有幾架飛機必需停飛，以便「割肉」來充當其他飛機的料源，這是非常昂貴且沒有效率的營運方式。

黑鷹來了就能高枕無憂？

政府並非沒有注意到這個問題。莫拉克風災過後，社會開始討論機動救災的必要性，馬英九總統更一口承諾要移撥十五架黑鷹直升機給空勤總隊，全面提升空中救援能力。

表面看來，這是「德政」，社會也會給予掌聲，但黑鷹進來了，就代表空勤總隊執行救援任務所向無敵嗎？我必須說，這其中還有極大的模糊空間。因為黑鷹直升機是向美國軍購的精密戰鬥武器，維修及備料全都掌握在美軍手中，人員也要送到美國重新訓練，更重要的是，黑鷹每次出任務的成本非常昂貴，飛行一公里所耗費的總成本高達兩萬元，絕非經費拮据的空勤總隊所能負擔。

一支老機隊，面對新飛機，絕不是黑鷹來了，就能高枕無憂。我開始去請教加拿大貝爾直升機公司、美國軍方及國內專家，研究如何管理一支直升機隊。

經過詳細研究後，我決定首要工作是將空勤總隊的管理專業能力提升。當時空勤總隊第三大隊的董大隊長，曾經是陸軍輕航部隊少將指揮官，不但是優秀的飛行員，也是機隊管理專家。我請他到辦公室來，告訴他這可能是空勤總隊改造的最後一次機會，部長願意一肩扛起責任，破格拔擢他三級跳晉升總隊長，我們一起改變空勤總隊的體質，他思考三天後同意了。

同時，我也跟原來的總隊長說聲抱歉，告訴他，為了弟兄生命安全，以及空勤總隊的健全發展，我必須進行這項人事調整，畢竟這不是他的專業。

人事調整後，我緊接著向國外專家請教，一個規模如同台灣大小的國家執行救災飛行任務，一年應有的規模和預算，並深入了解其他國家的狀況。他們給我的答案是，大部份中小型國家的非軍用直昇機業務，多半採委外經營。以台灣的規模根本不需要自己養一支機隊，只要全數委託專業公司，單純購買「服務」即可，粗略估計只要現行預算規模的一半就可以做到。

不久後，我將研究心得向總統和行政院院長報告。其一，為了要讓空勤業務健全發展，我破格找了位適當的人選來負責；其二是建議行政院認真考慮救援飛行任務委外的可能性。但這一切，隨著我的去職，最終都不了了之。

回頭來看，擔負救援任務的空勤總隊，只要將機種全部汰換成海豚直升機就很完美，而且可能只要低於購買黑鷹四分之一的成本就可以做到。內政部需要海豚，國家卻給黑鷹，就如同我只需要豐田汽車，你卻硬塞給我法拉利跑車或是勞斯萊斯。

黑鷹根本不該用來救援

因為像黑鷹這樣精密的戰鬥直升機，原本就不是設計來執行救援工作的。

我們接收後，必須先將機艙改裝，機上的重武器拿下來，還要裝上探照燈以利於晚上出任務，每項看似簡單的換裝工作，都是用「億元」為單位在計算。顯見當初沒有人做仔細的幕僚作業，給總統具體的評估報告後再做決策。從這案例也可以看出政府的決策過程中，缺少的是一顆「腦袋」。

等全案到我手上時，所有決策已經完成，我只能在既有的框架內做損害控制。很遺憾，整件事情我也只能做到一半，未竟全功就離開了。我希望後面的人要繼續往前推動改革，不然問題只會繼續發生，未來還會有更多無謂的「犧牲」。

而空勤總隊的問題，絕非個案，它普遍存在政府的每一個機關、每一項決策。

過去政府透過制度的設定，讓台灣從貧窮落後，創造出如今的一片榮景。但現在我們要面對的是更艱鉅的國際競爭，還有全球化和全球氣候變遷等無可逃避的難題，我們身上穿的這套衣服、這套制度足夠應付嗎？

這套已經沿用六十年左右的制度，是在過去的時空背景下，根據防弊和齊頭式平等的前提所訂定的。用到今天，我們才突然發現，當遭遇食品安全、氣爆、社會住宅、能源政策、貧富差距持續擴大等複雜又跨領域的難題時，整個國家突然陷入一片黑暗中，看不到一絲曙光。只能眼睜睜地看著其他國家大步邁前，而我們卻焦急地在原地踏步。

只有對立，沒有對話

關鍵在於我們習慣的政府治理模式，已經無法解決今天發生的問題。所有官員都忙著解決昨天的問題，對今天的問題幾乎是束手無策，更何況未來因全球化和極端氣候所帶來的更大挑戰。

要做到真正的治本，我認為必須檢視幾點：政府的運作文化是否需要改變？體質是否需要改變？法令制度是否需要改變？是否需要有更多的彈性？

台灣有可能成為一流國家嗎？我在本書中所提及案例，都是啟發性個案，它們的共同點是強調跨領域對話、跨部門整合，建立中央和地方的夥伴關係、地方和民間的夥伴關係。當文化逐漸改變，人民才有機會從「國民」，慢慢變成「公民」，培養出公民意識。當公民意識被喚醒，從政策面、制度面積極介入參與，所有的答案自然水到渠成。

很可惜的是，台灣社會近二十年來，只有對立、沒有對話。我們所遭遇的問題中有九成是政治問題，卻常常被當成技術問題在處理，只談枝微末節，不從根本著手。

縱觀政府運作過程，看不到企業精神，更沒有財務規劃的概念，舉債及編列特別預算是我們處理危機的慣用模式，於是國家財政赤字日趨嚴重，哪有餘力負擔不斷擴大的社會福利支出，以致民怨日日升高。

擺在我們眼前的未來，絕不是個簡單的問題，在等一個簡單的答案。台灣要如何成為一流國家？別無他法，唯有改變政府的運作方式。

但要如何改變？第一、必須體認政治需要很強的專業支撐的事實，所有決策都要有科學做依據。第二、政策要非常明確。各部會一定會有本位主義，但要解決重要議題往往需要協調數個部會，成功與否的關鍵在於介面整合和政策協調。

第三、鼓勵具有創意的商機。每個危機都是轉機，在解決問題的同時，也會創造商機，帶動新產業、新經濟的出現。

最後也是最重要，但最常被忽略的就是「公民參與」。不要害怕及迴避公民團體及非政府組織，將他們納入變成夥伴，成為政府決策及運作的一部分，大家共同面對問題。

在走向明日台灣的過程中，不論政府或民間，都要謹記三個關鍵字，整合、協調和執行，態度上更要保持正向思考，跳出框框看問題，利用對話取代對立。

我相信，台灣大有機會邁向真正的一流國家。

本書的啟動，要感謝余紀忠文教基金會以及董事長余範英女士。希望有愈來愈多人的參與和耕耘，一起讓台灣邁向一流國家之路。

第一部

福爾摩沙不再美麗，只剩哀愁？

01

極端氣候，脆弱台灣

承認吧！人一定勝不了天

台灣不再是寶島，再也沒有風調雨順的好日子。面對極端氣候帶來的災害，任何決策都要跨專業、跨部會。我們準備好了嗎？

今天的台灣，和全世界同樣面臨兩個問題，一是全球化，一是全球暖化。

全球化告訴我們，沒有一個國家可以自外於國際世界。以最近最熱門的區域經貿議題來說，就是全球化下的新趨勢，沒有人可以不面對，但要加入區域經貿，不論是簽署FTA（自由貿易協定），或是加入

TPP（跨太平洋夥伴協定），都要思考對國家的利弊得失在哪裡。

全球暖化則是告訴我們，氣候變了，不能再用過去的思考方式去面對。全世界已經有超過七十億人口，預估到二〇五〇年將爆增到一百億。人口愈來愈多，地球會更熱、更平也更擠，但增加的人口多集中在開發中國家，或是第三世界國家，相對發達國家的人口卻一直在減少，成為人類最大危機。

台灣是高風險地區

以糧食生產來說，目前世界穀倉在澳洲、美國、中南半島和俄羅斯等地，三十年後，這些地方，包括一大部分的台灣都會逐漸沙漠化。世界穀倉可能會轉移到西伯利亞和加拿大北部，世界銀行（The World Bank）看到問題，卻不知道答案是什麼？因為這些地方多是荒地或是極地，誰要去西伯利亞種糧食，養活全世界？

同樣的問題也發生在台灣。台灣的糧倉從彰化、雲林一路到屏東，但這些地區卻長期面臨超抽地下水、地盤下陷，造成海水倒灌、土壤鹽化，糧倉隨之變色，隨著海平面逐漸上升，問題會更趨惡化，若再也無法種出糧食，台灣的未來要吃什麼？

更遑論夙有福爾摩沙——美麗寶島封號的台灣，地質年輕而破碎，實際上是「先天不良」。我們將過去百年，台灣曾經發生五級地震的地方，用紅點點標示出來，會發現紅點點竟密密麻麻蓋滿寶島，顯示我們的腳下，沒有任何地方是安全的。

台灣也是全世界少數島嶼，擁有百座接近四千公尺高山，且幾乎都集中在中央山脈，好消息是可以阻擋從東部上岸的颱風，削弱颱風的破壞力。壞消息是因為地形效應的影響，降下的每滴雨水都會下到地面。一年有九百億噸的水量降落到島上，但因為山高、河川陡，水流入海的速度太快，不利蓄水儲存，讓台灣擁有了諷刺的稱號——多雨的缺水國。

地震、風災加水患，被世界銀行列為高風險地區的台灣，原本就不適合高密度開發，面對氣候變了，對台灣這塊土地將造成更巨大的衝擊。而這些都正在改變你我，每一個人的未來。

既然未來愈來愈不確定，台灣人要了解自己的能力以及侷限性。先放眼上海、首爾、新加坡和香港，再看看台北、高雄，就會清楚台灣的問題出在哪裡，也才能更清楚自己的定位——在亞洲地區，甚至在華人世界中所要扮演的角色，而不是空喊些不切實際的口號。

旱災水災輪流發生

氣候，到底是如何改變你我的未來？

一九九七年，我剛到台灣省政府水利處報到，當時學術界都在討論聖嬰現象。

所謂聖嬰現象，是指太平洋溫度上升，造成季風改變。當東太平洋的海水溫度上升，造成降雨集中，美洲就會鬧水災；相對的西太平洋海水溫度低，海水蒸發量少導致降雨量減少，西太平洋區域自然容易鬧旱災。

反聖嬰現象則是西太平洋的海水溫度升高，反過來，美洲鬧旱災，亞洲鬧水災。不論是聖嬰現象，或是反聖嬰現象，因為發生頻率不一定，當時討論的議題是多少年發生一次。

後來的研究發現，如果將聖嬰、反聖嬰現象出現的周期和世界歷史對比，會發現一個趨勢：歷來重大歷史事件和氣候變遷有非常強的關連，例如發生旱災就會鬧蝗蟲，一旦蝗蟲成災，農民沒飯吃了，社會自然動盪。

但在那時候，還沒有所謂「氣候變遷」這個名詞，人類也沒有意識到氣候可能真的在改變。

舉例來說，一九八七年琳恩颱風橫掃北台灣，總降雨量約七百多毫米，台北東區整個泡在水中，造成很大的生命財產損傷。當時普遍認為，怎麼可能在短時間內降雨多達七百多毫米？

相隔不到十年，一九九六年賀伯颱風來襲，阿里山在兩天內降下一千九百八十七毫米雨量，逼近當時的世界紀錄，大家都直呼太可怕，因為這幾乎不可能發生。

不料，二〇〇九年來了莫拉克颱風，情況更慘烈。八月七日全省還在鬧旱災，八月八日豪雨成災，八月十五日後又面臨旱災，等於是兩個旱災中夾一個水災。南台灣一年降雨量約一千五百毫米，但莫拉克一次就下足三千毫米，將兩年的雨量集中在三天內下完。

從最近幾年的颱風事件會發現，八七年的琳恩和後來的颱風相比，簡直是小巫見大巫。賀伯颱風時的降雨量是每千年才發生一次，莫拉克颱風是兩千年一次，發生機率如此小，台灣人卻在不到十五年間相繼遭遇。

再也沒有風調雨順的日子

根據水利署統計，台灣過去每十九年鬧一次大水災，現在是每兩年就有一次嚴重水災；過去每十七年有次大旱災，現在頻率縮短到每九年一次。台灣，不是面對旱災就是澇災，再也沒有「風調雨順」四個字。

現在水利界面臨的最大困擾，是定不出兩百年頻率洪水。理論上，「兩百

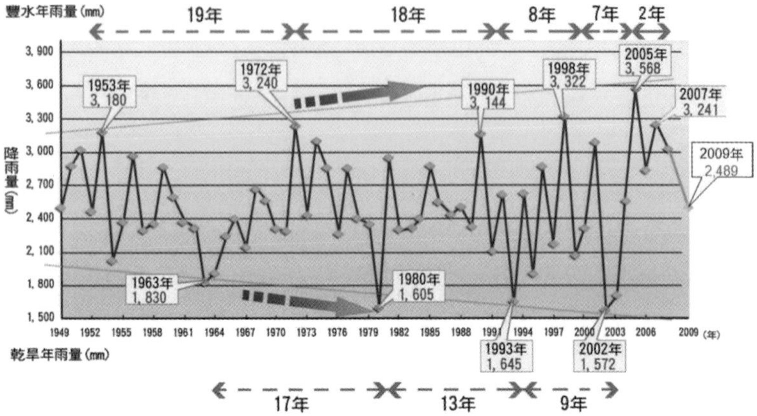

台灣年平均降雨量有旱澇加劇之趨勢。
資料來源：經濟部水利署

年頻率洪水」指的是每兩百年發生一次的洪水，在台灣卻可能一年就碰到兩次。當極端氣候已變成常態時，要如何因應？這已經成為水利界的最新課題。

這些現象和氣候變遷有無關係，科學界還在論證中，但極端氣候在台灣已經司空見慣，卻是不爭的事實。

在此同時，台灣也在快速轉變中。年紀和我相當的人，可能都察覺到小時候所經歷的天氣和現在已經很不一樣。

我們小時候對基隆的印象是，一年要下三百天的雨。現在基隆一年降雨天數已經少掉半個月，但年降雨量從二千一百毫米爆增到三千五百毫米。台北一年的總降雨量也比過去增加二百六十五毫米，降雨天數卻整整少掉一個月。

雨量增加、降雨天數卻減少，於是過去常碰到的毛毛雨、雷陣雨，變成現在動不動就來場暴雨。

除降雨量和降雨天數之外，溫度的改變也很劇烈。科學界算出來，世界百年來平均增溫攝氏〇·七度，台灣的上升幅度卻是其他國家區域的兩倍，高達攝氏一·三度，這和氣候變遷應該沒有直接關係，而是「熱島效應」所造成的結果。

什麼是「熱島效應」？簡單說，因為台灣快速都市化，排放出的大量溫室氣體，將台灣團團籠罩，也改變了台灣的微氣候。

一九四五年的大台北地區，總人口約一百萬人，在不到七十年的時間，暴增到八百萬人。以往的農田長出房子，透水的土壤全都鋪上不透水的水泥和柏油，熾熱的太陽一照下來，輻射熱增加，改變空氣對流，微氣候自然跟著改

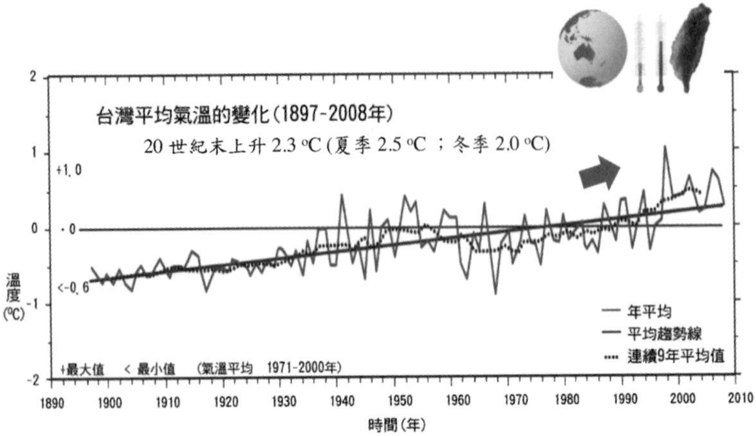

台灣百年平均溫度不斷攀升。
資料來源：經濟部水利署

變。

以科學的角度來看，氣候變遷屬於長時間尺度變化，要用百年甚至千年的大尺度來衡量，但熱島效應是短時間尺度，五年、十年就可以看到改變。台灣現在面臨的是大尺度、小尺度同時在發生變化，很難釐清哪個影響大、哪個影響小。

但每個在這島上的住民，都可以感受到極端氣候在台灣，已經是常態。

不論從水利工程或是水資

源的角度看來，極端降雨都是最不利的情況。過去，降雨較為平均，從天空降下的水，透過土壤涵養蓄積成為地下水，提供住民的生活所需。

隨著極端氣候事件愈來愈頻繁，經常性的暴雨，造成原本已經因為山高陡峻，河川坡度落差大，而有「多雨缺水國」封號的台灣，水量在更短的時間內從河川上游到下游，迅速出海，不但沖刷泥沙，更無法蓄留水源，而這也是造成水庫容量不斷減少的關鍵因素。

曾文水庫，一個美麗的錯誤

氣候改變了，從水旱災頻傳，到水庫淤積、容量萎縮，對水利界是相當大的考驗。我在台大授課時，水利教授在教如何設計水庫溢洪道時，都是根據最大可能降雨量，當時認為所算出來的數字，根本不可能發生。

現在回頭看，原來莫拉克颱風就是最大可能降雨量。也因為如此，我們更要回頭檢視，台灣現有的水庫，按照原來的設計概念，遇到極端降雨發生時，是否足以保持安全？用來洩洪的溢洪道夠不夠用？尤其是若類似莫拉克這樣的颱風發生在大台北地區，石門水庫能支撐得住嗎？大台北的防洪安全是否要重新考量？

大多數人可能不知道，曾經幫助南台灣度過多次難關的曾文水庫，在水利界其實是個「美麗的錯誤」。

南台灣一年降雨量平均約一千五百毫米，一九七三年竣工的曾文水庫，有效蓄水量卻高達六億噸，因為水量不豐，很少滿庫，大多數時間只能裝空氣。一個裝空氣的水庫，成為水利界當時流傳的「笑話」。

但在一九九六年，這個「笑話」卻讓人完全改觀。那一年七月三十日，曾文水庫蓄水量只剩下三千萬噸，接近無法取水的呆水位，整個水庫空蕩蕩。七月三十一日賀伯颱風來襲，阿里山兩天之內總降雨量高達一千九百八十七毫米，曾文水庫不但蓄積到達滿水位，還被迫洩洪，造成台南縣大淹水。

想想看，光兩天降雨就蓄積五億七千萬噸水量，還要洩洪以免水量過多導致潰壩，若當時的水利界前輩根據過去經驗設計庫容，像石門水庫般只有三億噸，二十多年後的賀伯颱風，在台南造成的災害將會何等慘重。

命運是很微妙的。我到台南成功大學讀書時，曾文水庫已經完工啟用，直到現在，我還是很好奇，當初設計和施工的水利前輩，是如何造就這個「美麗的錯誤」。

工程師無法解決政治問題

既然極端氣候在台灣已經是常態，政府和行政團隊就必須有所因應，面對這種非常態卻逐漸常態化的事實，如何對未知狀況做出最佳決策。因為工程師能解決的都是小問題，而台灣所面臨的大部分是政治問題，而不是技術問題。

基隆河截彎取直的歷史，或許可以做為一個例證。一九八七年琳恩颱風來襲，那是我從美國回到台大教書的第二年，在水利界還是個默默無聞的年輕人。一場颱風將台北東區淹得猶如水世界，當時檢討原因，發現曲折的基隆河無法脫離干係。

基隆河截彎取直在水利界幾度引發論戰，許多資深教授多不贊成。因為蜿蜒流經台北市區的基隆河，依河流行經路線和地勢高低來看，繞經圓山那段是最窄的地方，中山橋正好位處瓶頸處。他們認為一旦進行截彎取直工程，洪水氾濫時會直接衝擊士林和中山北路。

但我持截然不同的觀點。在一九八〇年代，基隆河畔是台北市最髒、最亂，也是治安最不好的地方，透過截彎取直工程，可以讓市容做最根本的改變。其次是不用擔心洪水來時會往中山橋兩邊流竄，因為當時上游的汐止河段尚未整治，位處低窪地的汐止，每逢大雨就成為台北市的最大滯洪池。我同時建議在台北市河段整治完成後，應緊接進行基隆和台北縣河段的治理。

政府旋即加緊腳步，進行基隆河截彎取直工程，不但解決台北東區的水患威脅，更完成新生地開發，讓大直、內湖、松山和南港從此翻身。

但緊接而來引發更大的爭議——中山橋該不該拆除？一九〇二年完工啟用的中山橋（原名明治橋），是在日據時代興建的老橋，因為橋體離水面的高度不夠，若洪水過大無法順利通過，反而會成為「攔河堰」，對沿岸市區造成更大威脅。

當時有一派文史工作者和文化人認為中山橋是古蹟，堅持不能拆；水利工程專家則主張若不拆，必須承受的風險實在太大。

這是日據時代蓋的橋，在時間淬煉下經過多次整修，對工程師來說，就像一個美女已經整型超過百次，還硬說她是美女。唯有河防安全才是最重要的考量，而水工模型試驗也證實，若中山橋不拆，將成為中山北路周邊的不定時炸彈。

基隆河截彎取直工程是在前台北市長黃大洲任內完成，中山橋爭議則在當時的台北市長，也是現任總統馬英九掌政時開始延燒。

你要當政治家或是政客？

令我印象深刻的是，馬英九參加了中山橋相關研討會。在那場研討會中，我受邀擔任評論人，馬市長最後問我：「李教授，你怎麼看？」那是我第一次和後來的馬英九總統正面交鋒。

「中山橋拆不拆，完全看你要當政治家，或是政客，」我告訴他，中山橋不拆，我保證在他的任內還是安全無虞，但若想要當政治家，就非拆不可，因為遲早會發生問題，不能留待後人或是下任市長收拾善後。

他聽懂了，中山橋最後拆掉並改建新橋。

從技術上，要拆掉中山橋並不困難，但要做出決定，卻需要政治智慧。這也是我一直相信的，身為領導者，要對後世子孫負責，就要從你手上做出重大決定。

時至今日，當氣候已經改變每一個人的生活，台灣更要開始有警覺性，不能再用傳統思考方式，一味認為人定勝天，只要花錢做堤防、抽水站，就可以永絕水患。

政府的運作方式更要改變。因為面對極端氣候所要做的任何決策，都是跨專業、跨部會。我在內政部長任內，強力推動總合治水、海綿都市和低衝擊開發等等，都是以都市設計手段進行防洪整合。

在台灣，治水的人不懂都市計畫，都市計畫專家又不見得懂水利，即使在部會內也是各有專業，在這情形下，規劃過程中的跨領域整合愈形重要。因此，我不僅請內政部營建署規劃低衝擊開發，也邀請水利署一起坐下來談，搭起跨專業整合的橋梁。

但中央部會的整合規劃，最終必須下放到地方政府執行。要落實低衝擊開發的理念，在地方最少涉及四局處，包括水利局、交通局、城鄉（都市）發展局和環保局等，四個局就有四位局長，屆時的困擾是經費要編給哪個局？由哪個局巡行發包？因為牽涉不同專業領域，又要邀請哪些領域的專家學者擔任計畫審查委員？

每一件看起來都是小事，但執行起來都是大事，若是用既有的傳統邏輯，根本走不通。要走得通，不僅是腦袋要改，從制度到法令都要跟著改。

台灣，會不會成為一流國家？說穿了，就在我們能不能從「小事」開始改革，一環一環把「小事」扣緊串連。一流國家，從「小」做起。這些或許都不是那麼重要，但若沒有，我們的每一分努力，都會被打很大的折扣。

02

我們是這樣愛這片土地的嗎？

國土利用不能再走捷徑

——

各種政治權衡與角力，早就讓國土傷痕累累。
對一個可能對土地造成無可彌補傷害的開發計畫，我們該用什麼標準來衡量？
最終還是應回到科學論證，政治判斷需要專業來支撐。

在土地的使用上，台灣似乎一直陷入相同的輪迴，就像滾輪上的小倉鼠，逃不出命運的鎖鍊。

為何我會有這麼深的感慨？

我還在省府服務時，一次正在興建中的南部科學工業園區淹大水，國科會請我去現場進行了解。看完之後我跟當時負責協調的政務委員楊世緘說：「科學園區建在這裡，不淹水才怪。」

一開始就做錯

位於台南縣善化、安定和新市交界的南科預定地，原本是塊甘蔗園，地勢低窪，每隔幾年就淹一次，既容易淹水，更常面臨沒水可用。我很好奇為何會選在這裡，於是請同事去調閱會議紀錄。

這才發現早期在國科會開會時，台灣省水利局（省政府水利處前身）同事在會議中提出，這地方既缺水又容易淹水，不適合蓋科學園區。這樣的發言，顯然違反國家重大政策，於是第二次開會，會議通知不再發給水利局，而是直接點名自來水公司。

自來水公司派去與會的人說話很有「技巧」，他說：「假如水利局的水資源開發沒有問題，自來水公司保證用水無虞。」但最後的會議紀錄中，「假如」兩個字不見了，成為水公司保證用水無虞，也順利通過環境影響評估。

當時的政委楊世緘問我怎麼辦？他說，你是水利處長要解決問題。南科提出來的解決方案是將土地墊高，但我反對，因為那塊地本來就是善化、安定和新市間的滯洪池，一旦墊高，周邊鄉鎮會淹更慘，根本是以鄰為壑。

後來省府建議採取治本的策略，除了在南科興建滯洪池之外，並做了三條排水渠道，鹽水溪排水、大洲排水和新市排水，大致解決當地的淹水問題。但淹水工程可以解決，缺水，我卻毫無辦法。

二〇一三年，我在內政部長任內，再度到南部科學園區拜訪。南科已經是台灣的金雞母之一，卻還是無法甩開缺水的陰影，因為南部水資源開發政策一再受阻。從最早的美濃水庫停擺，之後又提出高屏溪越域引水計畫，從荖濃溪引水到曾文水庫，再透過管路把水輸送到高屏地區。但因為莫拉克風災之後，引水隧道遭土石淹沒，越域引水計畫無疾而終。

但南科不斷成長，需水愈來愈孔急，這才讓我興起推動汙水回收再利用計畫（見第五章）。

這樣的場景不斷在發生，即使到二十一世紀，我們還是抱著相同思維。最明顯的是二〇〇八年曾經吵得沸沸揚揚的國光石化，我的態度不是反對興建，而是不贊成設在彰化大城。因為大城不但缺水，也在地盤下陷區，國光石化一旦完工，一開始營運就要大量抽取地下水，會造成更快速的沉陷，屆時再有神仙本事也救不了。

方向錯了，後天努力也無法彌補

台灣在土地的使用上，似乎永遠都在抄捷徑。如果一開始的方向是錯的，超出土地負荷量，後天用再多的努力都彌補不了，過程中付出的代價卻遠遠超乎你我的想像。

這讓我回想起在省府時代，令我非常驕傲的成績之一：集集攔河堰。那是一九九七年，我們興建南幹渠和北幹渠，一部分供應彰化和雲林農田水利會做灌溉用水，一部分供應台塑六輕使用。還記得當年我們有多驕傲，經營之神王永慶為此表揚水利處。他說，從沒看過一個政府單位，行政效率會超過台塑企業。我是水利處長，這番話聽在耳裡，志得意滿自是不在話下。

但是物換星移、事過境遷，集集攔河堰供水將近二十年，帶來的後患卻是我們當初無法想像。濁水溪的水源原本供應農民灌溉農田，現在卻多轉往六輕使用，其次是集集攔河堰的壩體造成濁水溪上游淤積惡化，下游卻乾涸無水，以致每次起風揚塵，造成風吹沙效應，空氣汙染非常嚴重。

今天回頭想想，當時的我們都以為「人定勝天」，若是再回到一九九七年，我會有更多思考，思考這項工程帶來的是利大於弊，或是弊大於利，可能造成什麼後果，以及我們到底有沒有辦法承擔。

當然，六輕完工啟用後，帶動台灣經濟發展，但在發展的陰影下，我們也看到水資源分配受到影響。濁水溪的河相、河川平衡和生態系統全都遭到破壞，尤其六輕因為填海造陸，阻斷了濁水溪南流的沙源，加上突堤效應造成外傘頂洲漂移流失，沙洲逐漸萎縮消失，海浪更長趨直入侵蝕嘉義東石、布袋沿岸。

國家到底是賺還是賠？

這筆帳算一算，國家到底是賺到，還是賠了？

面對一個站在國家高度認為必須存在，對土地卻可能造成無可彌補傷害的計畫，我們要如何明智對待？要用什麼樣的標準來衡量，做出明確的判斷？我認為最終還是要回到科學論證。政治雖是眾人之事，但更需要專業支撐。

從省政府到進入行政院，我必須大膽地說，政府並沒有學到教訓。二〇一一年，我到公共工程委員會擔任主委，當時正是苗栗大埔案引發軒然大波之際。有次在週四的院會上，國科會（現為科技部）報告說明大埔農民經過安撫，原則上沒有問題。

這時，我舉起手。

我說，我是新來的，所以大埔事件的前因後果，我並不清楚。但我只想問一個最根本的問題，「到底台灣需要多少個科學園區？每個縣市都需要一個科學園區嗎？」

說完後，整個院會現場一片沉默，沒有人有答案。我接著說，我們二、三十個部長坐在這裡，沒有人可以說服自己，台灣需要多少個科學園區，「我們憑什麼去圈地，以致造成一堆民怨？」因為不關我的業務，我也只能點到為止。

沒有科學論證，沒有專業支撐的政策，無法說服人民接受。我到內政部後，看到這樣的政策矛盾仍不停在上演。

我上任後，看到內政部忙著解決兩大問題，第一是台北的高房價，讓年輕人和中低收入戶在台北沒有辦法生存，在行政院的政策指示下，營建署忙著在大台北找地蓋合宜住宅（社會住宅），希望年輕人在台北能有一席之地，住得起房。

另一方面，我也看到當時還在內政部的社會司（現在衛福部）永遠在忙著解決老人安養、隔代教養和新住民等議題，以及各式各樣因為城鄉差距不斷擴大之下所衍生的新難題。

這看來是不相干的兩個問題，答案卻只有一個，因為人口過度集中到都會地區，尤其是大台北。

日據時代剛結束的大台北，人口只有一百萬，現在已經擴張到八百萬人。過去我在台北縣（現為新北市）服務時，最常開的玩笑是台北縣的雲林人，比現在住在雲林的人還要多。因為人口過度集中，衍生出高房價、交通壅塞、水汙染、空氣汙染，以及淹水、缺水等現象；鄉下卻見不到年輕人，只剩下老人和小孩。

台北到底能住多少人

台北，既是人口集中區，也是政經中心，等同把所有雞蛋放在同一個籃子中，這符合國家利益嗎？光從物價、房價到生活環境、生活品質等等來看，台北都不應該塞這麼多人。

更何況國家地震研究中心傳遞給我一個驚人的訊息，一旦大台北發生規模六．二的中級地震，因為土壤液化，震度會擴大到規模七，至少會倒掉四千戶老舊房屋。從歷史分析，台北上次發生大地震是在清康熙三十三年，距今早已超過三百年，地底下累積能量相當驚人，隨時可能再來次大地震，引發房屋倒塌、氣爆火災等複合式災難，屆時死傷將更為慘重。

我深深感受到，台灣不能再陷入如小倉鼠般的滾輪命運。現在，或許就是改變的契機。

台北，到底能住多少人？我給營建署一個明確的題目，「如何明確使用這塊土地」。我要他們計算台灣的土地容受力，不只是大台北，北、中、南、東各能容納多少人，還有工業區、精緻農業區、商業區等應該擺在哪裡最適當，全都要弄清楚。

題目很明確，但營建署很為難。因為署內兩千多人，沒有人會算土地容受力。這其中牽涉幾項要素，如營建署有沒有足夠資訊，以及有沒有足夠專業知識。再來是若他們要尋求奧援，要視國內不同領域專家有沒有對話，並從各領域著手寫成研究報告，提供嚴謹的科學論證，在必要時成為政府的施政依據。

因為談土地容受力看似簡單，卻必須廣泛蒐集從人到土地、從硬體到軟體的各類資訊，包括環境敏感及限制、土地資源供給、水資源供給、人口推估及需求，以及公共設施資源供給等等，才有辦法訂出土地容受力。

這些資料都分散在各部會，我相信每個項目都有人做，但缺乏整合、對話和協調；即使請台大做土地容受力相關研究，因為涉及太多不同專業，跨了五、六個學院以及二、三十個系所，加上部分政府資訊還無法公開，要蒐集是不可能的任務。

因此我告訴營建署，我了解你們不會算，我不要求八十分，給我七十分的答案也可以接受，起碼已經開始往前走。

政治需要很強的專業支撐

營建署從二〇一三年四月開始算，到二〇一四年四月已經算出北部。他們還到台大跟我說明，雖然我已離開內政部，但拜託他們要將全國的土地容受力算出來。未來若國土計畫法通過，取得法源，就可以依據土地容受力計算，定出符合台灣土地使用的上位計畫。

同時我想建立的，還有國土相關的資料庫。我剛到內政部時，就要求資訊中心在一年內建立和台灣國土相關的資料庫，並從地理資訊平台提升成為地理資訊圖資雲（TGOS Cloud）。這些資料同樣散居各部會，面臨整合不易的困境。為了打破藩籬，我自己出馬拜會拒絕提供資料的國防部。

國防部當時給我們的說法是，為了國防安全而無法給資料。經過討論之後，國防部妥協，同意提供精密度為二十公尺乘以二十公尺的圖資，我們擔心這其中的誤差範圍過大，並質疑為何不能給更精密尺度比例？對方說明，如果再縮小比例，導彈即可精準擊中射程內目標。

但我認為這樣的憂慮可以克服，並請時任政委的張善政（之後為科技部長，現為行政院副院長）出面協調。國防部最後做出最大讓步，同意二十公尺尺度為無條件公開，若要更精密的五公尺乘以五公尺比例圖資，則需要出具公文，證實有政策使用的必要。經過幾番折衝，資料庫終於建立起來。

奠定國土規劃的科學基礎

這就是我所說的，政治需要很強的專業。國土計畫所需的資料庫建立了，土地容受力也開始算，接下來，我要求營建署把散在各部會的災害潛勢圖全部套疊在一起，包括經濟部水利署的全台灣易淹水風險地圖、經濟部中央地調所的坡地災害風險地圖，以及農委會水土保持局的土石流風險地圖。

營建署將三張圖套疊成一張，成為整合易淹水、坡地災害及土石流風險地圖，每次的災害發生，都可以從中判斷，哪些地方容易受害，並迅速做出反應。

我就像在下棋的棋手，一步一步，都經過精密計算。進入內政部服務後，第一年建資料庫，第二年算土地容受力，在此同時，我也要求套疊畫出災害潛勢圖。我手上就像是有五個球，可依照所需，隨時在天上抓球，最後把所有球都整合在一起。

事實上，我所做的，就是在奠定國土規劃的科學基礎，以及決策依據。

先累積足夠數量，並確保資料品質，未來提供政府單位在必要時做資料探勘（Data Mining），才有辦法建置決策支援系統，並依據各種假設進行情境分析後，找出最佳政策，再依此列出行動方案和預算分配。

你贊成還是反對核四？

以核四為例。二〇一三年，沉寂已久的核四議題再度浮上檯面，很多記者問我：「李部長，你贊成或是反對核四？」一個看似簡單的問題，卻沒有直接的答案。遇到這樣的場面，我通常回答，以我的專業，我無法告訴你贊成或反對，但我可以告訴你，如何思考這問題。例如經濟部和台電公司要先建構完整的資料庫，內容包括所有發電結構和備載容量，以及電價、電網等等。

接下來進行情境分析。在核四議題中會遭遇四種情境，第一是核四持續興建並運轉，核一到核四並存，第二是核四不蓋，核一、核二和核三廠升級並延役，第三是核四繼續蓋，但提前讓核一到核三退役。

第四也是最極端的情境，是核一、核二、核三、核四都不要。然後呢？國家尋找替代能源，替代核能的使用。

四種不同的情境，代表四個不同的選擇，必須經過分析，依照分析提出不同政策。分析的角度必須包含：第一對社會衝擊，第二對經濟衝擊，第三對社會經濟的衝擊；例如不同方案的選擇對電價造成的波動、對產業和人民的影響等，其次是採取各情境後，會不會影響供電的穩定度，會不會逼使產業外移？產業若外移，對國家和社會可能造成的衝擊等。

每個情境都經過仔細評估，抽絲剝繭後，可能只剩下兩個可行方案，這時候，不論是藍、綠，或是擁核、反核派，都要好好坐下來談，或是雙方都同意交付公投，以決定核四繼續興建或是停建封存。

我認為，台灣每個重大政策，都應該經過這樣的程序分析，不論是服貿、貨貿都應如此。

台灣是終極非核家園，但這可能是二十年後的目標。若是二十年後要走向非核，今天開始所有政策都要跟著轉變，每個部會政策都要因應，如經濟部的工業政策，以及台電的發電和電價策略等等，都跟今天再也不同。

接著要有完整的替代能源政策。經濟部是第一棒，科技部要投資做替代能源研究，學校要大量設置相關學門學程，內政部要規劃綠建築，能源規章也要和現行不同。

每個部會都相關，都必須因應轉變。因為新能源政策會牽扯到碳稅、碳足跡，環保署要開始談節能減碳，又回歸到學校教的學程學門和研究，每一環都扣在一起，若無法做跨部會整合協調，目標永遠達不到。

這就是我一再強調，政府需要很強的專業背景以及強大的資料庫，以建立決策支援系統，更關鍵的是政府運作方式要改變，跨部會整合協調非常重要。因為絕大部分的公共政策，不是一個部會可以解決的。

五顆球整合在一起的國土計畫法

尤其是攸關國家百年發展的「國土計畫法」，更不能再任由各部會或利益相關團體角力定生死。過去的國土計畫法一直存在很大爭議，在立法院躺了十幾年，因為舊版本用海拔來劃分，以高度五百公尺、一千公尺、一千五百公尺等來決定土地使用標的。

我常開玩笑說，依據這樣的國土計畫法概念，瑞士全國都不能住人，因為瑞士就是個高海拔國家。

但如今，我們有土地容受力調查報告、地理資訊圖資雲，還有整合易淹水、坡地災害和土石流風險圖，這張圖可以判斷任何地方的安全或危險性，一旦國土計畫法立法通過，內政部即可依法公告這張災害風險圖，藉以取得法源，成為國家公共建設的最上位計畫。

國家公共建設上位計畫，為何需要災害風險圖做基礎？

二〇一〇年，北二高曾經發生走山，山壁突然滑動掩埋了行經車輛。探究

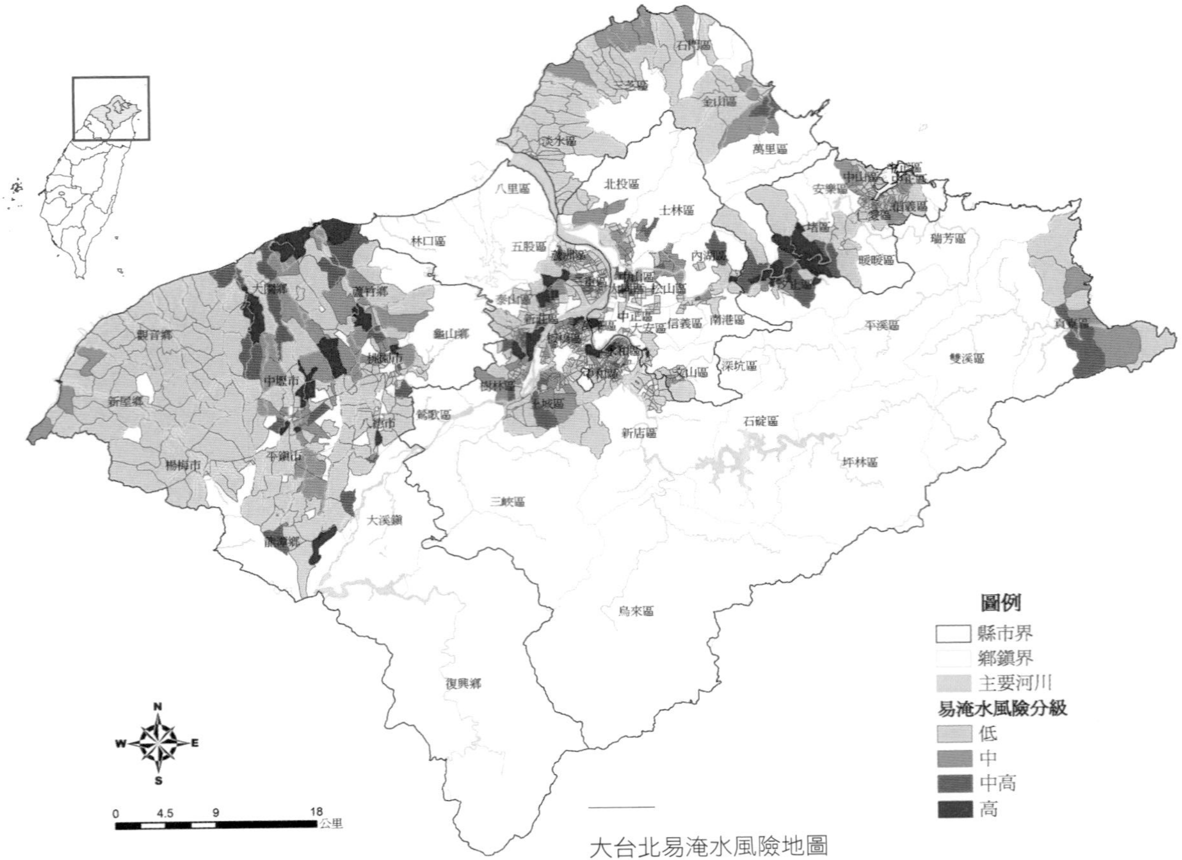

大台北易淹水風險地圖
資料來源：經濟部水利署

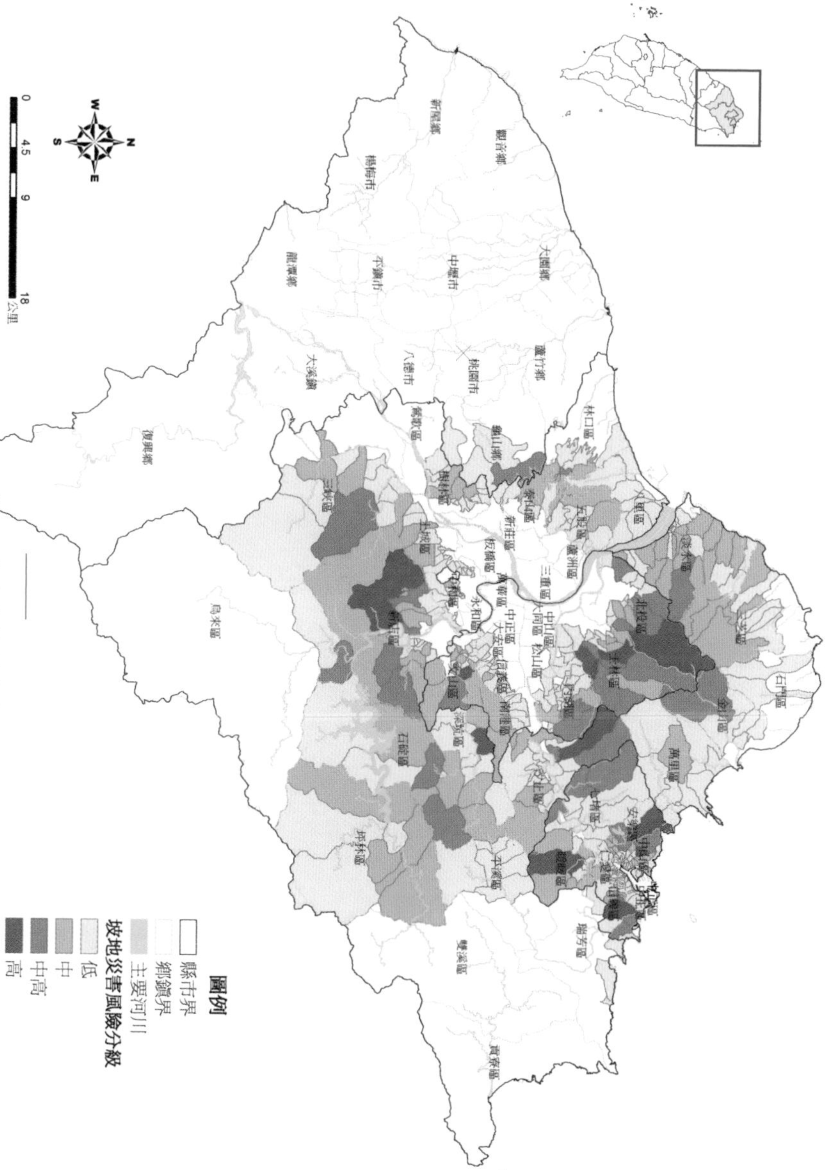

大台北坡地災害風險地圖
資料來源：經濟部中央地調所

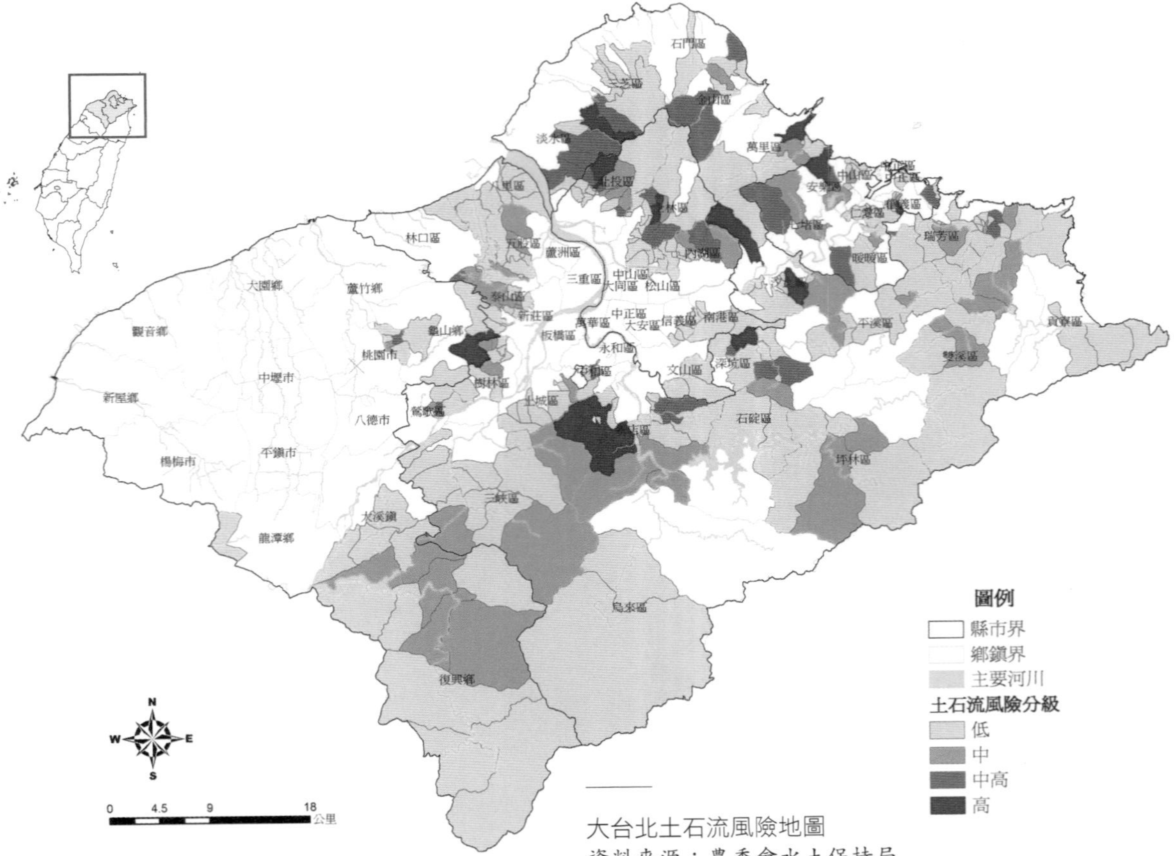

大台北土石流風險地圖
資料來源：農委會水土保持局

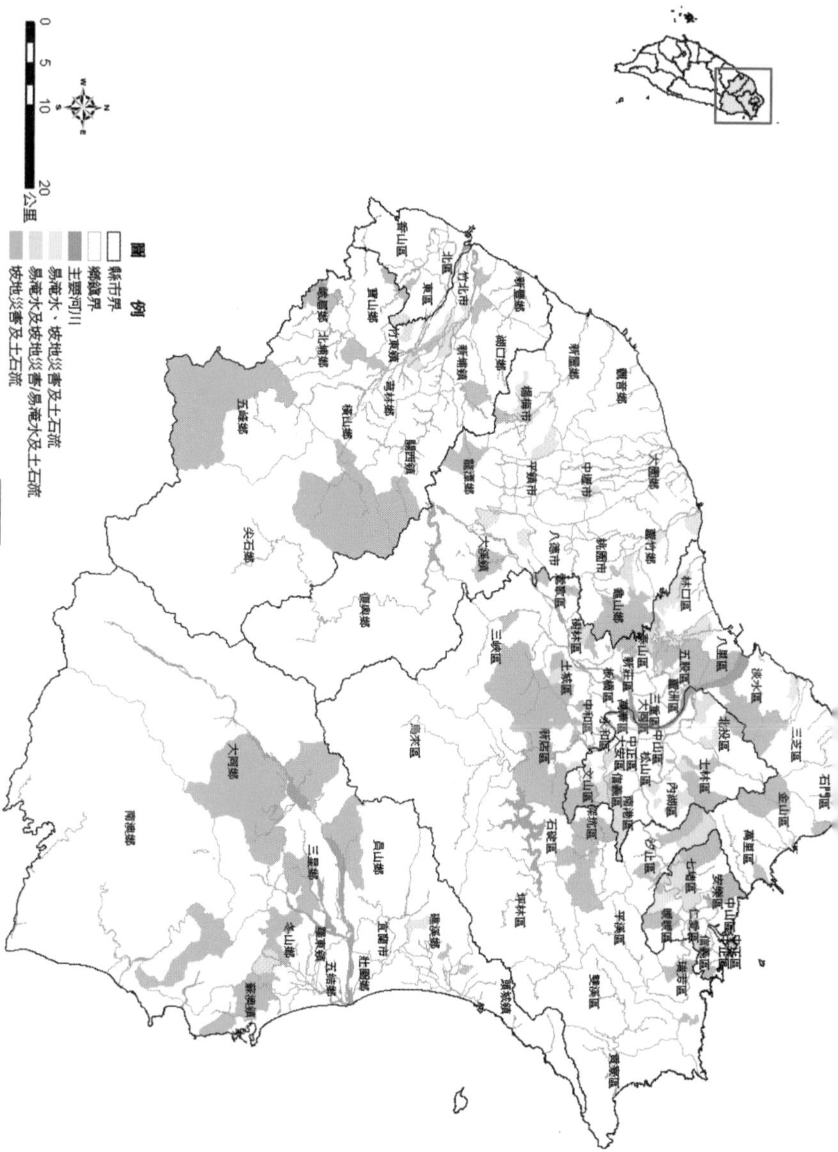

整合易淹水、坡地災害及土石流風險地圖
資料來源：經濟部營建署

箇中原因，是北二高在施工時，因為通過順向坡，施工單位用地錨去拉，但地錨有其壽命年限，更具體來說，每個工程都有壽命。

縱貫西部幹線的省道和快速道路、高速公路，有多少處行經山坡路段是用地錨拉？沒有人知道，難道要台灣每個人每次出門都先去算個命嗎？否則怎麼知道今天開車出門，會不會遇到地錨鬆動？

在我看來，只要災害風險圖公告後，類似事情發生的可能性將是微乎其微。因為國家要做任何重大公共建設前，都必須用這張圖去套疊，確認施工區位的安全性。很多人問我，未來似乎還很遙遠，現在該怎麼辦？我只能說，最實際的做法是做預警監測，必要時封路，以防止更大傷亡慘劇的發生。

但是很遺憾，直到我離開行政院前，國土計畫法都沒完成立法。當時，我已經看到立法不易，但國家不能停滯空轉，因而要求營建署不能受制於國土計畫法，而是要面對不同等級的災害風險地區，檢討土地使用標的，進一步重新檢視全台灣區域計畫。

我們訂出的策略是，對非災害風險地區採取預防及監控，避免新災害或遭

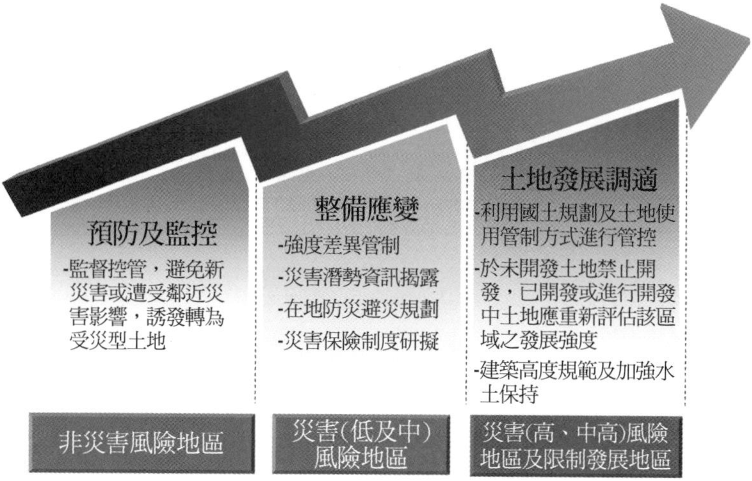

面對不同等級災害風險地區時的策略

受鄰近災害影響，誘發成為受災型土地；對於低度及中度災害風險地區進行強度差異管制，充分揭露災害潛勢資訊，並規劃萬一災害發生時的在地防災避災計畫。

至於高度及中高度災害風險地區則積極進行土地發展調整。首先利用國土規劃及土地使用管制方式進行管控，對尚未開發的土地禁止開發，已開發或是開發中土地應重新評估該區域的發展強度，同時訂出建築高度規範和加強水土保持。

在這樣的策略下，最起碼各縣市政府在做都市計畫時都會重新檢討。在高風險地區不再做高密度使用，不要把人放到不應該住人的地方，重要工程不要放在危險地區。

但因為土地使用標的會完全改變，民眾的財產可能需要做大規模轉移，不在災害潛勢區的土地，價值會升高，但若不幸位在土石流或高風險地區，土地價值自然大幅滑落。

因此，政府必須思考，公告不同等級災害風險區後，如何讓因此受益的人，將他所得到的利益，回饋給受到損害的人，讓受益者和受損者可以從中取得平衡。其次是很多人住在不安全地區，政府如何讓這些人搬到安全的地方，土地使用也要跟著災害潛勢和土地容受力做轉變。

這其中，政府必須扮演關鍵角色，但籌碼在哪裡？因為要將人口移轉，必要有土地供政府使用，更要有錢來做，所以最後我所提出的解決方案，就是防災型都市更新以及公設保留地解編，將可一舉解決現今僵化的土地結構。

03

如果台北發生規模六．二的大地震？

多元價值思考土地使用，防災、創價又打房

只要一個中級大地震，台北可能倒掉四千多戶老舊公寓。要預防災害來臨，必須先檢討都市土地使用。當人口愈來愈少，我們還需要這麼多公共設施保留地嗎？

在內政部服務時，國家地震工程研究中心給了我一份模擬報告，說台北若發生規模六．二的中級地震，至少會倒掉四千多戶老舊公寓，如此一來，死傷自是不在話下。

我立即請營建署在一個月內，和國家地震研究中心套疊出全國容易發生土

震度	PGA(g)	PGA(g)	圖例
7	0.4以上	0.6以上(7級強)	
		0.5~0.6(7級中)	
		0.4~0.5(7級弱)	
6	0.25~0.4	0.33~0.4(6級強)	
		0.25~0.33(6級弱)	
5	0.08~0.25	0.16~0.25(5級強)	
		0.08~0.16(5級弱)	
4	0.025~0.08	0.025~0.08	
3	0.008~0.025	0.008~0.025	

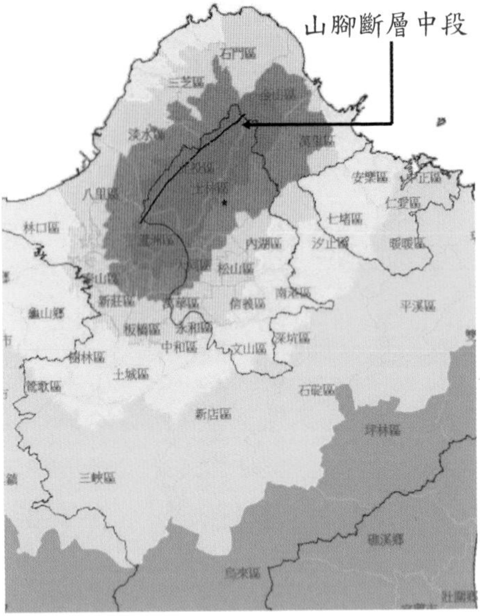

國家地震研究中心模擬山腳斷層中段位置發生規模6.2地震時，台北市及新北市地區災害影響嚴重範圍
資料來源：國家地震研究中心

壞液化的區域，以及房舍老舊容易倒塌的潛在高風險地區。營建署套疊後，發現對大台北地區災害影響嚴重範圍，台北市包含士林區、北投區、大同區、中山區、萬華區等，新北市為板橋區、新莊區、五股區、三重區、泰山區和蘆洲區等地區。

位在這些人口密集區的老舊公寓住宅，因為建物老舊窳陋、耐震強度不足，即使是規模六．二這樣的中度地震災害發生，建築物也容易受損，加上非防火構造、和鄰棟間隔不足以及管線複雜等因素，更容易發生氣爆、釀成火災，既不耐震，更不耐災。

這樣的情況已延續幾十年，全台灣都是如此，沒有人有辦法做大規模改變。

顛覆既有政策模式的都市更新

但我選擇跳出框架，積極面對。因為我認為，若要發生改變，要先從都市土地使用標地進行檢討，且一定要跟都市更新同時進行。政府要利用地政手段、都市計畫手段把錢賺回來，來支付安置居民所需的龐大經費，也就是要進行完全顛覆既有政策模式的防災型都市更新。

接下來，我們開始找閒置的空地。我當時打國防部的主意，因為台灣正在裁軍，國防部成為最大的閒置地主，尤其很多軍營在都會區旁。我看上在台北一〇一旁邊的軍保廠，地點在台北醫學大學旁，占地約九公頃。自從軍保廠搬離後，那塊地已經閒置許久，旁邊都是吳興街老舊社區。我對那地方非常熟悉，因為我初中就讀的大華中學，原始校址就在吳興街底（現已搬離），從一九六八年到現在，周邊巷道沒改變多少，還是四、五層樓的老公寓。

緊接著，我們去跟國防部協商，希望這塊地讓內政部使用。國防部同意，但堅持必須要價購。

但政府哪有這麼多錢去買這麼大的土地？我跟國防部提議沿用民間慣用的「合建」模式。在營建署的規劃中，只要把九公頃土地，蓋一、二十棟高達三、四十層樓的建築物，以每公頃約容納三百戶重建戶為目標，就可以讓吳興街翻轉。

前提是吳興街周邊有哪些可能倒掉的房子要先找出來，同時說服住戶保留財產轉換的權利，用軍保廠的地所蓋的房子跟他們換。多出來的建築物，則用相當比例，如十分之一當社會住宅。

這一切都完成之後，再將住戶已經搬遷的吳興街老舊民宅拆除，興建低密度且更耐震的建築物，再用相同的方法，依序改變周邊區域。

初期，我們計畫在台北市鎖定二處，新北市二處，台南市一處做為示範。

利用這些基地為槓桿，所產生的影響將不斷發酵。第一，民眾生命財產安全受到確保，第二，搖搖欲墜的老舊房舍消失，取之而起的新建築，讓都市更安全、漂亮。

第三，解決一部分的社會住宅問題，第四，減少政府財政負擔。因為都市更新後，土地使用改變和土地增值，可以補財政的洞。這更可能是台灣近年來最大的振興經濟方案，以台灣都市的狀況，工程至少連續二十年做不完。

在此同時，政府也將掌握籌碼，撼動台北居高不下的房價。以軍保廠那塊基地而言，因為位置就在台北一〇一旁邊，以信義區平均房價為每坪一百五十萬元，而政府在不賠錢的狀況下，房子約可賣每坪八十萬元。

這等於是另種「打房」，釋放出大量建築壓低當地房價。若光在台北市，政府有十處計畫同時在進行，房價就會是由政府掌握，而不是建商在定價。

防災型都更計畫不但同時解決所有問題，更能有效解決政府財政困境。我在公共工程委員會時，台灣一年的公共工程建設經費約五千億元，隨著國家財庫愈發空虛，如今降到約兩千億元，對公共工程業者造成很大的困擾，因為營造業是經濟動力的火車頭，將會間接影響到台灣的經濟成長。若防災型都更順利進行，中間三千億的缺口或許可以仰賴政府的都更計劃所衍生的營建工程來補上。

遺憾的是，今年二月我在行政院做過最後一次報告後，一直沒有下文，當時院會僅決議，不要用「防災」兩字，以免引起民眾恐慌。

雖然我已經離開行政團隊，還是必須提醒，我們是要積極面對災害，或是要在發生後再善後處理，會讓國家走向完全不同的方向，端看政府用哪種態度。

還地、興地、造地

公設保留地解編政策，則是提供政府另一個財政槓桿。

我在內政部時，發現全國未徵收的公共設施保留地面積，多達兩萬五千七百公頃，導致民怨高漲，很多老人還死不瞑目，因為政府把人民的土地保留卻又不徵收。政府耍賴的結果，造成地主的土地無法買賣，還要繳交地價稅。但若要政府全部出資徵收，保守估計要超過七兆元，遠遠超過中央政府和地方政府的財務所能負擔。

回過頭來檢討，我們需要這麼多的公共設施保留地嗎？事實上，台灣畫設公共設施保留地，是依據一九六〇年代的都市計畫。依照當時規劃，高雄市現在人口會有四百萬人，台北市也是四百萬人，因此需要很多空間設置公共設施，如建學校、蓋市場。

但對照今時今日，高雄市約兩百萬人，台北市也只有兩百六十萬人，不只是台北和高雄受到少子化影響，台灣人口不但沒有如當初預期不斷增加，而且還在持續減少中，政府當時圈地以預留興建公共設施的基礎已經不存在。過去部分都市計畫區人口及公共設施高估的現象，沒有隨著人口變遷趨勢檢討調整，才會造成民怨。

由於太多人受到影響，監察院為此糾舉內政部。我把營建署和地政司找來，告訴他們，我的政策是將公設保留地全部解編，還地於民，「沒有學生，為何需要這麼多學校保留地？到處都有超商和量販店，哪還需要市場用地？」我說。

營建署和地政司在一個月後做出公設保留地全面解編計畫，若能落實，將可紓解民怨，也確保民眾的財產和權益。

另一方面，土地解編後，政府手上的兩萬五千公頃土地，雖然全數還給地主，但因為被劃設為學校或市場預定用地等，地主仍無法買賣或運用，只要各縣市政府經過都市計畫公共設施保留地專案通盤檢討，即可進行重劃，將保留預定地變成住宅區、商業區等，成為高價值土地，但必須政府和地主對分，利益均霑。

如此一來，政府手上將平白多出超過一萬公頃具有價值的土地，可藉以推動防災型都市更新，同時改善都市景觀和風貌，重新創造土地價值，或是可把一部分土地賣掉，改善公共財務。更實際的是，政府也從公共設施保留地徵收的財務泥淖中解脫，節省政府財政負擔。

公設保留地全面解編計畫完成後，我受約到監察院報告。當天的主席是監委吳豐山，一開始六位監委坐成一排，看似來勢洶洶。我說，先不要罵人，我把案子報告完，再請各位監委指教。

隨後，我花了十五分鐘將全面解編計畫說明完畢，吳豐山站起來拍手，其他人也跟著站了起來。他說，這是他聽過最有感的政策，也是他們所要的。一週後，監察院發新聞稿表揚內政部，並點名李鴻源在四年內不能離開內政部，要將政策做完才能走。

監委認為「有感」，我想最主要關鍵是中華民國各級政府都欠了一屁股債，只要改變思維，將公設保留地解編，即使只允許政府賣掉四分之一，就足以解決財政赤字。

以新北市來說，公設保留地多達六千公頃，若經過重劃，市府可以拿到三千公頃，以目前地價計算，即使只能賣掉七百五十公頃，所獲得金額對新北市政府都是天文數字，不但可以解決政府債務，政府手上還有更多籌碼，去做想做的事。

外界或許有雜音，認為將公設保留地解編後成為商業區、住宅區，只會讓財團更容易炒地、炒房。但我們的規劃只是原則，公設保留地不可能全都變成商業區，我的用意在於讓政府對土地使用有更多元的價值思考，而不是陷入陳舊的框架中，永遠無法跳脫。

因為到最後，不論是學校、公園或運動場預定區，要有多少比例解編，都要回歸都市計畫，經過都市計畫委員會的通盤檢討，而不是縣市政府任意解編或哄抬。

這件事在我離開行政院團隊前，經建會（現為國發會）已經同意兩萬五千公頃的公設保留地先解編四分之一，可以節省政府徵收經費超過兩兆元。

替國家計畫未來的智庫

我們也跟縣市政府說明政策，畢竟都市計畫檢討需要時間，並非一蹴可幾，但對財政日益拮据的各縣市而言，這確實是可以思考，也必須思考的模式。我們不能再用過去的邏輯，去看從過去延續到現在的問題，政策已經解套，就看縣市首長願不願意列為施政優先順序而去落實。

台灣能不能更明智地使用這塊土地？答案是肯定的。但我要再次強調，我們的政府需要很強的專業背景，有力的科學論證，以及強大的資料庫，建立決策支援系統。

但在全世界各國，這都是智庫的工作。每個國家的政府或政黨都有自己的智庫，台灣卻沒有這個隱身在政府背後的強大智庫，形同行政院團隊空有巨大的身軀和健壯的手腳，卻沒有「腦袋」。沒有一個智庫，幫行政院長和總統訂出短期、中期和長期目標，國家沒有明確方向和上位計畫，部和部之間永遠都存在本位主義。

我始終在談的核心概念，是政府的運作方式要改變，並強調跨部會的整合協調，在此之前，或許我們要先有一個替台灣計畫未來的智庫，這也是台灣要成為先進國家非常重要的依據。

04

地層下陷的解藥在哪裡？

我們為盲目經濟成長付出多少代價

——

淨土宜蘭正在消失，花東會是下一個羔羊嗎？
不只是東石、布袋，從台灣頭的宜蘭算到台灣尾的屏東，
西部平原十分之一都陷落在海平面之下，一切還來得及嗎？

雪山隧道還沒有通車前，我寫了封信給當時的宜蘭縣長劉守成，提醒他，要在雪隧通車前先做好土地規劃，並運用景觀生態決策支援系統訂出開發準則。

所謂的景觀生態決策支援系統，是荷蘭人在做土地開發，或是國土規劃時

相當重要的工具。當時雪隧即將開通，通車之後的宜蘭不是不能開發，而是要事先訂出準則，做好明智開發，在經濟發展的同時，仍能保持一定生態和優美環境，以及棲地萬一被破壞，又該如何做好補償等。

雪隧通車了，宜蘭桃園化

當時的宜蘭，是全台灣離台北最近的淨土。水稻田遍布的蘭陽平原，不但滿是濕地，河口還是重要的野鳥保護區，生態保育做得非常好。

對宜蘭，我有一定程度的了解和關切，因為宜蘭過去曾經是養殖水產盛產區域，長久以往造成地盤下陷，即使後來養殖業已經停擺，土地仍然陷在海平面以下，加上本身的排水條件不佳，單是一九九七年就一連淹了五次大水，時任台灣省政府水利處長的我，還曾陪同省長宋楚瑜一次次到災區現勘，想要找出解決辦法。

在給劉守成縣長的信上，我告訴他，如果不先根據景觀生態決策支援系統進行土地規劃，訂出開發準則，宜蘭將走向「桃園化」。

屆時雪隧一通車，從台北到宜蘭只要半小時，台北人會爭相到宜蘭買地「種」房子、蓋農舍，就像在綠地貼膏藥，一塊、一塊又一塊，造成農地破碎，無法種植農作物，最後棲地和濕地都不見了，宜蘭還是宜蘭嗎？

我之所以有這麼深的感觸，取名為「宜蘭桃園化」，就是因為親眼目睹桃園的改變。從小住在泰山的我，在五十多年前看到的桃園，擁有上萬口埤塘，放眼望去一片綠油油的稻田，間或夾雜幾間農舍，是個非常漂亮的地方。

後來，高速公路通了，中正機場蓋起來了，工業慢慢進駐，從台北縣一路擴展到桃園，處處可以看到過去便宜行事的痕跡，一片片都是鐵皮屋，有些是工廠，更多是違章工廠，不但毫無美感，更對公共安全造成威脅。

為了爭取更多的土地進行開發，桃園的特色——埤塘，從上萬口逐漸萎縮，被填到如今剩下兩千口左右。這些消失的埤塘，被填掉後再也不可能回復。

在台灣經濟起飛的過程中，或許我們不應該要求桃園為了保持農村景致，而犧牲經濟發展的可能，但在拚經濟的同時，如果能考慮到生態保育，同時保有自己的特色，這才是城市發展的關鍵。

遺憾的是，雪隧在二〇〇六年通車之後，到現在即將屆滿十年，我當時的預言逐一實現。十年折騰下來，披著「農舍」外衣的「別墅」一棟棟蓋起來，鯨吞蠶食似地攫食良田，優美的環境正在快速消失中。這一塊在台灣經濟奇蹟背後好不容易留下的淨土，似乎也沒能守住。

下一個遭破壞的淨土，或許是花蓮。隨著蘇花替代公路的完成，都會人可以快速到達的地方，都會面臨相同困境。鐵皮屋和農舍林立，全都是台灣人習慣便宜行事下的產物，不但景觀破壞殆盡，也為國土帶來無可回復的傷害。

過去，交通引導開發的腳步，現在，隨著交通愈來愈方便，道路開發到哪裡，破壞就到哪裡。我們不禁要問，交通發達是好事，還是壞事？

凡是到過英國鄉間旅遊的人，會看到道路從中世紀後就這麼窄，窄到只能勉強容得下兩部車會車的寬度，日本鄉下的道路也是，始終保存原來的鄉村風貌，不會為了觀光旅遊，將路愈開愈大條。

凡道路經過，面貌全毀

但是在台灣，走一趟西濱快速道路，可以發現「台灣特色」正在消失中。從八里過去是下福，下福原本是純樸的漁村，現在已經不見了，旁邊蓋了林口火力發電廠，沿路的漁村和鄉村風貌只有留在記憶中，轉而看到的是一處又一處用來養蚊子的工業區。

一路開到嘉義縣的東石、布袋路段，西濱加上輔助道路形成六線道的筆直大馬路，就像用巨大斧頭剖過鄉村的醜陋刀疤。大馬路上絕少看到車，卻徹底改變農民的生活方式，鄉下的老先生、老太太連過個馬路，都可能要了他們的命。農村、棲地破碎，人際關係也跟著改變。

這就是盲目建設的結果。從外表看起來像是國家注意建設，實際上卻是讓台北人能四通八達，在最短時間內到每個角落，即使到日月潭也只要三個半小時。這正意味著從台北出發，在三小時半內就可以到台灣任何地方，時間和空間的距離都大大縮短。

然而，我們付出了什麼代價？凡是道路經過的地方，幾乎是面貌全毀，這是台灣人要的嗎？我們犧牲了多少？得到了多少？更聚焦來說，道路所經之處的城市和鄉村有受益嗎？

宜蘭人有因為雪隧通車而受益嗎？若拉大尺度，放入時間的長河去觀察，我心中不免浮現極大的問號。當然，會有一部分人因此受益，但得失之間，又要如何衡量？失去的是否比得到的利益更大？這是宜蘭，甚至全台灣都要思考的。

從桃園到宜蘭的城市發展經驗，我所要陳述的是，我們不是不要建設，但建設要有指導準則，要有補償機制，對人以及對生態的補償。

一直以來，台灣在國土治理上，強調硬體建設、一味追求經濟成長，卻缺乏指導準則的無限制發展模式，讓台灣早已承受始料未及的惡果，卻仍不自知。從工廠四處林立、養殖漁業興盛，違法超抽地下水，造成北從宜蘭到中南部沿海地區地層下陷，就是最好的例證。

地層下陷，花再多錢也無法解決

一九八六年，我剛回台灣大學教書，國內已經開始注意地層下陷的問題。我受邀前往屏東佳冬鄉塭豐村、林邊鄉水利村等現場勘查，當時這些區域的地層下陷非常嚴重，一年陷落超過十公分，獨棟建築的一樓，不消四、五年旋即陷入地底成為地下室的現象非常普遍，很多房子遠遠看，屋頂甚至比人還矮。

林邊派出所更在不到三十年間（從一九六九年到一九九六年），居然下陷到海平面下二．八公尺，陷落速度相當驚人。

分析原因，當然是長期超抽地下水後不可避免的結果。當時彰化、雲林到屏東，沒有主要水庫，從自來水公司、養殖業到工廠都抽取地下水使用，以致於很多地方一年下陷十幾公分，也因此有個新興行業應運而生——協助當地居民把房子墊高，等四、五年下陷後再繼續撐高，周而復始，不斷循環。

我到省政府任職時，這些地方已經是逢雨必淹，從雲林四湖、口湖，嘉義布袋、東石、義竹到屏東佳冬、林邊等地，都是知名的地層下陷區。這也是我在省府時期最頭痛的事情。當時每天忙著解決這些地方的問題，同時又覺得納悶，省政府每年光在這些地方，要投入幾十億元做區域排水，蓋水門、設抽水站、將堤防加高，但以每年下陷十幾公分的速度，再高的堤防也不夠用，因為不到四、五年又要繼續加高，連我都很無力。

現在回頭看，當時還是用工程手段進行思考，滿腦子想的是如何解決排水、如何蓋抽水站，如何把海堤加高，結果不論花再多錢，問題依舊存在，永遠斷不了根。

這個問題一直縈繞在我心裡。我常認為台灣在治理上，是筆怎麼算都算不清的糊塗帳。以素來養殖漁業興盛的屏東佳冬來說，因為長期超抽地下水，造成地層下陷，整個鄉陷落在海平面下超過二公尺，海水入侵以致地下水加速鹽化，離海岸五公里處從地下抽出的是鹹水，土地幾近死亡，任何作物都無法存活，唯一能生產的是耐鹽作物，也因此種出了屏東的名產——黑珍珠蓮霧。

即使面臨這樣艱困的環境，佳冬的養殖漁業仍相當活躍，舉目望去都在養殖龍膽石斑，繼續超抽地下水。經濟部水利署為了避免海岸持續下陷流失，也繼續在周邊做成本昂貴的離岸堤，等於用「黃金」在保護海岸。

這樣的邏輯，從中央到地方層出不窮。但既然已經是既成的事實，到底要如何解決？

摒棄工程手段的總合治水

我在台北縣擔任副縣長時，台大水工試驗所和台大城鄉建築研究所組成團隊接受經濟部水利署委託，協助規劃布袋、東石地區的總合治水方案，我也以台大教授身分參與。

總合治水是一種系統性概念，摒棄以往光談工程手段，轉而從政策、產業和空間規劃全方位多管齊下。

在政策方面，首先是地下水觀測系統資料。台灣在這部分做得較好，掌握清楚，可藉此觀測地下水位變化，以及地層下陷程度。其次是要對全台深水井做全面清查，從水井位置、分布到抽水量，但更重要的是清查出來後要建立管理機制，對抽水行為和抽水量做管制。

再來要修改相關法令，如建立地層下陷地區土地使用規範，落實管理規劃。因為台灣目前只有區域計畫法和都市計畫法可以適用全國，在地層下陷區的相關法令必須修正，才有辦法在空間規劃上著手改變。

第四則要加強取締與懲處違法行為。過去在執行上最常遭遇的狀況是，農民為了用水需要，逕行找鑿井公司打淺井。因為不需要報備，政府無從得知，更難以掌控。算一算，光從彰化到雲林的違法水井就有十幾萬口，可能牽涉幾十萬張選票，以至於從地方到中央都沒有人敢碰。

若要落實稽查，公部門有多少人力可以執行？以既有的工作業務量，確實有實際上的困難。我認為既然稽查不易，唯有從最上游的鑿井業著手，從源頭管制。因為在台灣，從事鑿井工程的業者寥寥可數，只要政府修改法令，規範上游業者在鑿井前須依循一定程序辦理，自然能管制下游農民的非法鑿井行為。

第五，在此同時要開徵地下水水權費。要抽水可以，但要貫徹使用者付費精神，每抽一度都要付費給政府，以水庫原水的成本為一度二十元，地下水水權費若能比照辦理，未來不論是農民或工廠，在使用時會更有成本概念，而不是能抽盡量抽。

但不論是要管制或禁止農漁民抽取地下水，接下來的課題是他們要吃什麼？養殖漁民的唯一謀生工具是養殖，如果政府確認要輔導產業轉型，那要轉到什麼產業？

我們當時視各地狀況，規劃出三個方向，一是轉型為太陽能產業，也就是屏東縣政府在莫拉克風災過後，積極推動的「養水種電」。二是發展生態旅遊、輔導發展濕地生態觀光；三是如果要保留養殖，也要通盤檢討整合養殖產業發展，找出什麼魚種能養，什麼不能養，透過整體規劃增加養殖漁業生產量，更要考量如何提高用水效率、健全供水系統。

透過詳細的規劃和論述，養殖漁業可以不再只是「為養殖而養殖」，而是附屬於觀光產業，以觀光為主、養殖漁業為輔，賺的是觀光財而不是看天吃飯的辛苦錢。產業翻轉了，也翻轉了地層下陷區的命運。

同時要循著這樣的邏輯進行空間規劃，賦予土地全新的面貌。簡單說，要先就地層下陷地區和易淹水區綜合考量，降低居民承受的災害風險，透過都市計畫改善基礎環境，例如如何在土地重劃後規劃出魚塭、把部落墊高從農業區變成住宅區，而在土地利用上則朝向環境生態復育，發展自然生態濕地公園，或多功能滯洪池等設施。從政策、產業到空間規劃各面向，提出地層下陷防治對策，落實總合治水。

不抽地下水那我們要吃什麼？

為了深入了解東石、布袋，我們前後花了四十小時去嘉義，和當地人面對面溝通。當時我常常從西濱快速道路一路開到東石，每逢漲潮時，夕陽映照下的魚塭，連成水天一色的美景，直到今天仍歷歷在目。從騷人墨客的角度看來，真是令人心神為之嚮往，但站在漁民的立場，卻是內心在淌血，因為逢雨必淹、土地更不值錢。

在訪談過程中，我得知受到地層下陷影響，東石土地公告現值為一坪四百元，市價卻折半只有兩百元，還是沒有人要買；每逢農曆初一、十五就淹水，養殖漁民平均每年準備一千萬元買魚苗，頂多只有七成會長大，但只要一淹水，就前功盡棄甚至破產。

蒐集到相當資訊後，我們多次以座談會形式，密集和養殖漁民溝通。座談會的場景，我至今仍記得很清楚，有時場外會有人拉布條抗爭，場內更常是只要我一開口，請漁民不要抽地下水，在場的人就翻臉，有的甚至氣到破口大罵，指著鼻子問：「要我不抽地下水，我要吃什麼？」

我只能說：「請不要先罵人，等我把故事講完，你看有沒有道理再罵也來得及。」接下來，我問他們，你家土地有人要買嗎？一年賺多少？要損失多少？是不是淹水就破產？若大家還是要繼續抽地下水，再過四、五年，萬一抽出來的水是鹹的，這塊土地就完蛋，住在這塊土地上所有人的居家、財產全都報銷。

全場一片靜默，他們都知道，不論是現實面或情感面，這都是極有可能發生的事實。但是要怎麼辦呢？

打造八座西湖當滯洪地

我告訴他們，請大家將土地交給政府重劃，漁民和政府各拿一半，政府將拿到的土地變成滯洪池兼人工濕地。在我手中規劃的第一版總合治水方案，這座滯洪池的面積廣達五十平方公里，以杭州西湖不過六．三九平方公里，等同在漁民住家旁，出現將近八座上面種滿水生植物的西湖，淹水問題自然而然解決。

接下來，在挖掘滯洪池時，把挖出來的土石，載運到當地人居住的部落，協助部落全面墊高，政府再無息貸款給需要的人蓋房子，解決目前地層不斷下陷危害房屋地基的窘況。未來，大家的居住環境再也不同了，不但不淹水，還在美麗的西湖邊。現在土地連一坪兩百元都沒人買，未來可能是兩萬元都嫌太低。

同時，政府會輔導漁民轉業做觀光休閒旅遊。若是有人堅持一定要養魚，繼續從事養殖漁業，可以，但請照遊戲規則，到滯洪池來養，同時發展成為觀光漁業。

依照我的規劃，東石、布袋將從原本被認為是位處風頭水尾的劣地，搖身一變成為全台灣最漂亮的村莊，旁邊有西湖美景，每年十月到隔年一月，還會吸引西伯利亞候鳥成群結隊來過冬。

這就是總合治水的概念，以非工程手段同時解決土地淹水和經濟民生問題。我們團隊並評估出來，中央政府只要投入一百六十億元台幣，就可以一勞永逸。

過去這麼多年，政府為了治水，在當地投入何止一百六十億元，卻猶如丟入水中，連泡沫都沒有，唯有總合治水能徹底解決心腹大患，透過發展休閒觀光產業，所造就的產值可能很快和投資成本打平，土地價值更因此水漲船高。

部會協調六年功虧一簣

很多人可能質疑，當時在台北縣政府任職的我，為何會撈過界，雞婆到去管嘉義縣的事？

我必須說，放大到全台來看，台灣地層下陷不只是東石、布袋，從台灣頭的宜蘭到位於台灣尾的屏東，總共有一千八百平方公里，西部平原有超過十分之一都陷落到海平面下。養殖漁民再不改變經濟行為，未來隨著氣候變遷日漸加劇，海平面上升，地層下陷會愈來愈嚴重。

若我們在東石、布袋進行的總合治水方案成功了，這等同是「練兵」，同樣的邏輯可以複製到屏東和雲林、彰化，甚至是宜蘭。地層下陷將不再永遠是個「問題」，至少我們給了個「答案」，一個讓自然、土地和人都有新選擇的全面性答案。

但因為政府跨部會以及地方政府的矛盾，這個答案至今沒有成真，而這也是台灣在國土治理時，最常遭遇的困局。

因為總合治水方案，涉及跨越五個中央部會和十個署，因此由經建會從二〇〇八年開始進行跨部會協調，但部和部之間的施政目標和政策卻往往相互矛盾，如農委會的任務是輔導養殖漁業，經濟部水利署只會做水門和堤防。好不容易大家終於對總合治水方案有共識，願意做為總體目標，分頭執行，又碰到問題，預算要編在哪裡？

對政府部門而言，從部和部之間的協調，尤其跨這麼多部會，以及不同層級部和署處要相互對話，到公務預算的編列，都不是公務員過去熟悉的運作方式，總合治水方案對他們，真的是莫大的挑戰。

我也一直密切關注這件事情的發展。二〇一三年，在經建會副主委黃萬翔的主導下，中央終於拍板，經費從原先預估的一百六十億元，縮減為六十億元。雖然少了百億元，但總算是露出曙光，從東石、布袋開始啟動做為示範區。

遺憾的是，拖了六年，好不容易終於即將上路的總合治水方案，從技術、方案到預算都有了，卻在委託執行時，因為地方派系和政黨對立等種種原由，地方政府不願擔任主辦單位，最終宣告胎死腹中。

顯然在國土治理上，政府的運作方式要改變。政府若重視就不應該只是丟給經建會，其次是跨部會整合工作要加強。經建會以副主委層級來進行跨部會整合，按照政府行政一般慣例，其他部會派來的參與者，多是在層級往下一到二級的中階公務員，他們無法做決定，而是開完會後還要回去報告長官，甚至每次派來的人都不同，在事務上無法連續。

這麼沒有效率的運作方式，才會讓總合治水方案從二〇〇八到二〇一三年，歷經六年還協調不出來。

翻轉屏東低地國

由於布袋、東石的總合治水方案進度停滯不前，我認為要趕快找其他替代的可能性。二〇一三年我透過余紀忠文教基金會（前時報文教基金會），找上屏東縣長曹啟鴻。

曹啟鴻縣長對生態保育一向關心，和我也是多年老友。我跟他溝通，建議將總合治水概念運用到屏東，我請營建署在最短時間內，運用易淹水地區空間規劃手法，就屏東進行規劃。

若要重新規劃，就要考量最近十七年來的地層下陷情形。從實際的觀測數據發現，以全縣下沉速度最快的林邊派出所為準，在一九六九年到一九九六年間下陷多達二．八公尺，雖然已有逐漸回穩跡象，但林邊在一九九四年到二〇一一年仍繼續下沉七十到八十公分，平均每年沉陷四．一到四．七公分。

情況稍好的佳冬，也已經沉陷兩公尺之多。過去十七年累計下陷量為四十到六十公分，平均每年仍以二．四公分到三．五公分的速度往下沉。林邊和佳冬都快追上因為在海平面以下三．六公尺，而被稱為「低地國」的荷蘭了。

營建署分析土地使用適宜性後，提出四個都市計畫同時進行，包括東港都市計畫區、大鵬灣風景特定區、林邊都市計畫區和佳冬都市計畫區。我告訴曹啟鴻縣長，這樣的惡劣現實，已經不是工程手段可以解決，要解決就要靠總合治水，將四個都市計畫做通盤考量，給這塊飽受折磨的土地新面貌，下一步提出新的產業，再到當地說服民眾，一起面對解決這長年沉痾。

我很清楚，在屏東要翻轉產業並不容易。曹啟鴻縣長在莫拉克風災過後，曾經提出「養水種電」，在魚塭上方架設太陽能板，串連成為電網，將太陽能轉換後所發出的電賣給台電，但問題是要跟中央政策配合。

屏東縣努力好幾年後，規模無法順利擴張，就是因為台電經過成本計算，認為會賠錢，所以提出的收購價並不符合養殖漁民的種電成本，以致產業轉型更困難。

國家要算大帳

我一直認為，站在國家整體的角度，帳要算大帳，不要算小帳。養水種電雖然成本較高，但只要政策奏效，淹水減少、地層保持平衡穩定，政府就不用再動輒投入幾十億元到上百億元的工程經費去治水。

可以想見，台電是營利事業單位，收購電價要經過成本計算，自是無庸置疑，但政府如果是站在公益角度，應該政策性提高收購電價，如此一來，農漁民不用年年飽受淹水之苦，損失也減少，連政府投入的預算都可大幅縮減，怎麼算都划算。

計畫好不容易推動到現在，屏東縣政府也認同要繼續往這方向前進，但因為選舉在即，曹啟鴻縣長的任期只到二〇一四年底，需要下任縣長願意支持，屏東總合治水才有「起死回生」的可能。

這也是國家和政府常常遭遇的困局。若中央沒有一貫的政策和強而有力的態度，所有政策下放到地方，都可能隨著每四年一次的選舉就中斷。

不只是地方選舉打亂政策布局，即使中央政策都可能因人事起落而中斷。我在內政部時，將東石、布袋的總合治水方案列入施政優先順序，即使花很多時間、和各部會產生摩擦都在所不惜，堅持絕不放棄。例如，當總合治水方案提出養殖漁業要轉型，以觀光為主、養殖為輔時，農委會會認為內政部在干涉養殖政策，但對我來說，這無涉部會之間的權責傾軋，而是因為養殖政策和地層下陷，乃至於國土規劃相衝突，我們必須要去面對。

這只是過程中的小插曲，但對一個部會首長來說，做決定前即可能因猶豫而裹足不前。靠經建會協調，一協調就是六年，最後的結果是一切回到原點，人生有多少六年可以消耗？大環境會等我們六年嗎？

更現實點來說，有多少部會首長願意承擔？尤其在我離開行政院後，下任部長會不會同樣當成施政的優先順序？這對施政延續性來說是很大考驗。

這其中的改變關鍵，還是要回到政府的運作方式。當年我在擔任政務委員兼公共工程委員會主委時，自行請命搶救每年沉陷、隨時可能斷裂的高鐵，或許就是改變政府運作模式的契機。

搶救高鐵大作戰

過去，因為地層下陷多發生在沿海區域，一般人除了在颱風或豪雨時，從電視上看到汪洋一片的慘狀之外，多認為和你我沒有太大關係。但這幾年，經濟部水利署的監測數據證實，不但地層下陷有往內陸移動的趨勢，而且高鐵經過的地區從彰化溪州到雲林土庫，最嚴重的地方每年以八公分的速度在下陷。

高鐵從二〇〇七年通車之後，沿彰化、雲林的路線到現在已經下陷七十公分，嚴重威脅行車安全。二〇一一年，我剛到行政院不久，四月參加行政院會，由交通部高鐵局報告因應措施，讓下沉幅度趨緩，以確保高鐵安全無虞。

當時報告的高鐵局副局長胡湘麟是我在建國中學時的同班同學，我問他：「下一步呢？」他說，下一步沒有了，依照當時情勢，推估高鐵頂多只能再撐十年。

當時我就斷言，高速行駛的高鐵，絕不可能允許一年沉陷八公分，長期下來，十年內一定會斷。

當著主持會議的行政院長吳敦義的面，我主動請纓，要求這件事情交給我處理。院會中做成決議，為確保高鐵永續經營，由我邀集交通部、農委會與經濟部等部會積極研議，提出具體方案，避免地層下陷影響高鐵正常營運。

我為何有把握敢請軍令狀，不是憑著「初生之犢不畏虎」的精神，而是因為我擔任過省政府水利處處長，具有相關專業背景，同時也對地層下陷區域有相當了解。於是，我先把水利署同事找來，請他們就地盤下陷區域和抽水井位置、抽水量，做關聯性分析，確認是哪些井造成地層下陷。

過去在處理地層下陷相關議題時，最複雜也最難處理的，是當地農民灌溉用的十八萬口淺水井，有九九%都是違法開鑿。但以往每次談到要封井，農民絕對會跳起來跟你拚命。尤其，十八萬口井牽涉的可能是四、五十萬張選票，一直以來，都沒有人敢碰。

因此，我們必須先要用科學的方式，論證高鐵沿線地層下陷和水井的關聯性，再來談下一步。

事實上，當初行政院給了我根「雞毛」，我卻把它當成「令箭」耍，最後用四次會議，就解決了這攸關國家重大建設高鐵存廢的重大議案。

我以行政院政務委員的身分，召集公共工程委員會、農委會、經濟部、內政部、交通部及國科會等相關部會，開始進行研商。

政治議題成為技術問題

第一次會議，透過水利署所提出資料，我們當場確認，造成地層下陷原因主要是雲彰地區九百六十七口深水井，與農民的淺水井無關。把可能發酵的「政治」問題，變成單純的「技術」問題。然後，我們找出這將近一千口深水井的使用單位，包括自來水公司、農田水利會、學校、台糖公司、監獄和工廠等。

緊接的會議，我們把深水井的使用單位全請來，逐一解套並尋找替代水源。以自來水公司來說，設置深水井主要是因為當地地面水源不足，必須抽地下水處理後供應自來水使用。但興建中的雲林湖山水庫預計在二〇一四年完工，二〇一五年開始啟用，我要求水公司提出封井計畫，在二〇一五年前將深水井全部封完。

其次是農田水利會所有的五百九十口深水井。過程中我們發現，水利會抽地下水灌溉農田，但灌溉渠道的漏水率高達五成之外，還有水可以賣給中部科學園區使用。

我親自去拜會農委會主委，說明古時候農民晚上要去巡田，每滴水都要充分利用，現在沒人巡田，水也嘩啦啦流走沒人關心，這其中有太多可以節水的空間，但這是農委會的專業。為了表示尊重專業，我請農委會幫忙訂出封井計畫，交給水利會執行，同時協助水利會修補灌溉渠道降低漏水量，也不要再將水賣給中科。

至於中小學校為何抽地下水，我委實想不通，於是將雲林縣、彰化縣教育處長找來，問他們是不是水費預算不夠，學校只好抽地下水。不料，兩個處長都大喊冤枉，因為每年編列學校水費根本都沒有申請完，年終時總剩下許多結餘款。

經過幾波周折，我們才知道教育部訂出的「校長教學績效評鑑辦法」中，其中一個指標是學校有沒有節約用水，而識別依據就是水錶，校長為了讓水錶的數字漂亮，只有抽取地下水。要徹底解決，唯有請教育部對在地層下陷區學校網開一面，刪掉這項評鑑指標，學校自然而然樂於封井。

最麻煩的是工廠所擁有的深水井。因為我們找來主管的國科會、經濟部工業局，並翻遍法令，居然沒有一條容許我們進入工廠，了解工廠內所挖深水井的抽水狀況。最後還是利用多重管道，威脅利誘終於讓一家中部地區大廠封井，這家廠因為耗水量大，距離高鐵又近，封井之後，彰化溪州的地層下陷問題也因而解決大半。

在此同時，我們也協調經濟部水利署、工業局和國科會，成立專案小組，巡查輔導工廠所訂出封井計畫，是否落實執行。

我印象最深刻的是，除了跨部會之間需要整合協調，同部會也需要橫向聯繫。最典型的是在研究高鐵地層下陷時，我們發現高速公路局當時在雲林建一條國道引道，但因為路堤所使用的填方重量太重，造成局部地層下陷非常嚴重。非常諷刺的是，不論是興建引道或是管理高鐵，同樣都屬於交通部，卻缺乏橫向溝通，以至於各做各的、各行其是，甚至出現相互扞格的局面。

為了徹底解決，由我職掌（擔任主委）的公共工程委員會，邀集專家制定高鐵沿線三公里的「新建建築物重量管制作業規範」，在高鐵沿線周邊三公里內的新建建築物，如高鐵站、路堤或高架橋梁等等，在申請建照時要同時審查材料，進行重量管制。

對於建築物重量的管制規範，不但特殊，在台灣工程史上也是絕無僅有。譬如國道引道不是不能蓋，而是所用的填方必須用輕質材料，其次是高鐵在興建彰化站和雲林站時，要特別慎選建築材料，避免重量太重，造成高鐵周邊地層，下陷情形愈趨險峻無解。

跨六個部會的協調整合

算一算，前後只開了四次會議。我最終的目標是要解決高鐵沿線雲林、彰化地層下陷問題，確保高鐵安全無虞。我力求每一次開會都要有具體進度，並由相關單位訂出封井計畫，預計在二〇二二年前，將九百六十七口深井完全封閉。

根據水利署給我的資料，雲林地區地層下陷幅度現在為每年六．八公分，預計到二〇二一年可望趨緩降低為每年三公分，彰化地區則可以從現在每年沉陷五．三公分，提早在二〇一六年縮小為三公分。

在四次會議結束後，我也完成搶救高鐵的協調整合工作，之後即交給經濟部地盤下陷執行推動小組，並要求每半年監測一次，若有達到預期目標就繼續往前推進，若沒有則要檢討行動方案。

即使到內政部履新，我仍持續關心，私下拜託水利署，因為這是經濟部的權責，我不方便過問，但若有任何重要訊息，請務必讓我知道。

到目前為止，就我所知，搶救高鐵封井計畫仍往健康的方向前進，達到每階段設下的目標，高鐵安全應該已經得到確保。

但是，從這次的經驗，我想大家可以發現，搶救高鐵事涉至少六個部會，更不用說底下的局署處和附屬機關多如牛毛，中間的利益相關人更是不計其數，在過程中需要很強的「計畫經理人」（Project Manager）去做跨部會的整合協調。

但我只用四次會議就解決，這也說明，治理國土，政府的運作方式不能再一成不變。

05

水庫淤滿了，子孫該怎麼辦？

不能再蓋新水庫，新水源何在

台灣是缺水國，做為一個沒有鄰居的國家，
好消息是沒人會跟我們搶水，
壞消息是一旦缺水，沒有任何人會伸出援手。

有一年，我到荷蘭參加國際會議，那場會議邀集世界各國代表，商談全球水資源。

雖然經常到全球各地參與國際會議，但在那場會議中，卻是我第一次有種前所未有的寂寞感。

因為所有國家都有鄰居，只有我們，台灣，連鄰居都沒有。

至今，我仍然印象深刻。會議中，大家談的是中國在發源自青海的瀾滄江興建水庫，對位處下游的湄公河流域國家，如寮國、緬甸和泰國、柬埔寨、越南等國造成嚴重衝擊。

此外，中國也要在雅魯藏布江蓋水庫。發源自西藏的雅魯藏布江，總長超過三千八百公里，是亞洲主要大河之一，流入印度之後，梵語稱為布拉馬普特拉河，一路流經孟加拉，和恆河匯流後流入孟加拉灣。

沒水時，沒人會伸出援手

印度人對於中國要在雅魯藏布江蓋水庫都很緊張，深怕中國從上游攔截水量，影響到位處下游，被他們視為「聖河」的恆河。中印兩國情勢劍拔弩張，隨時都可能打起來。

類似這樣國與國之間搶水的例子，在國際上不勝枚舉。整場會議都在談因

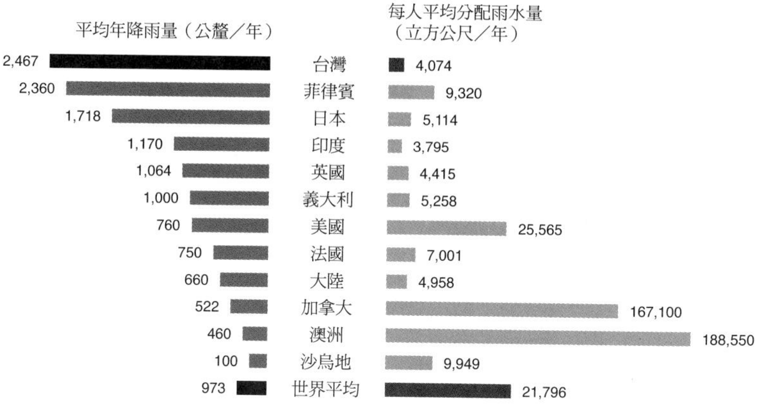

台灣與世界各國降雨量比較圖。
台灣地區年降雨量為世界平均值的2.6倍。但由於人口密度高，每人每年可分配降雨量僅約為世界平均值的1/5
資料來源：經濟部水利署

為水資源而引發的國際紛爭，剎那間，我感覺非常寂寞，因為我們是一個沒有鄰居的國家。

做為一個沒有鄰居的國家，好消息是沒有人會跟台灣搶水，壞消息是一旦台灣缺水，沒水就沒水，沒有人會伸出援手。

我們從水庫來算算，就知道台灣總有一天必然會缺水。台灣從北到南，大大小小的水庫總共五十座，根據原來設計的總蓄水容量，滿載為二十億噸。

在正常狀況下，每年每座水庫約可循環蓄滿四次，一年最多可以蓄到八十億噸水。然而，隨著水庫淤積，現在的平均庫容量只剩下三分之二。

全台灣一年需要兩百億噸水，以水源來說，因為目前水庫調節量只剩下五十億噸，僅提供二五％水量。另外二〇％來自地下水，其他一百一十億噸全仰賴河川取水。而河川水量在乾枯季節相差甚多，水源和水量都不穩定，完全是看天喝水。

在用水方面，則是以農業用水約一百二十億噸為最大宗（占總供給量的六〇％），民生用水是三十五億噸（占一七．五％），工業用水為三十億噸（占一五％），保育用水量最少，所需約十五億噸（占七．五％）。

缺水的未來即將到來

經濟部水利署曾經做過估算，到二〇三〇年時，全台水庫的有效蓄容量

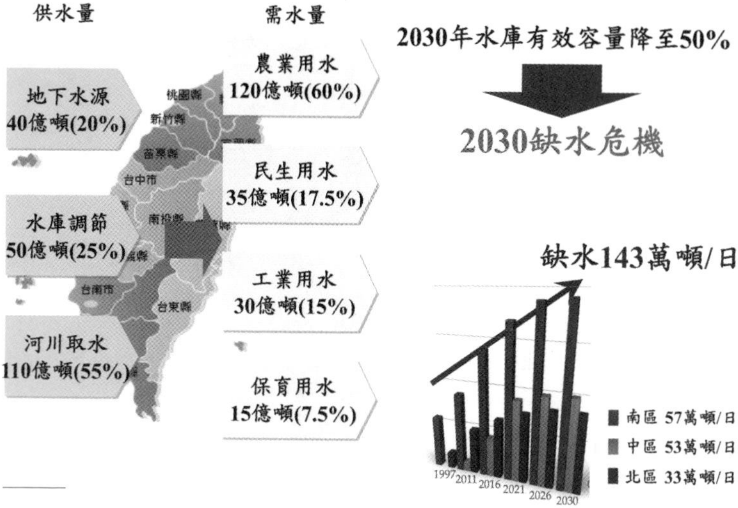

台灣地區水資源現況
資料來源：經濟部水利署

將降到一半，也就是只剩下約十億噸，即使一年如常裝滿四次，每天仍會缺水多達一百四十三萬噸。以目前用水量，新北市人口約四百萬人，一天要用一百二十萬噸水，意味著到時全台灣將有超過四百萬人無水可用。

從區域看來，南部缺水最嚴重，每日減少供給量高達五十七萬噸，中部為五十三萬噸，北部略少，但不足量也達到三十三萬噸。

人口最集中的北部，水情

相對較為舒緩，主要是翡翠水庫容量夠大，淤沙問題和其他水庫相比較不嚴重。南部則是水庫容量一直在減少，加上降雨豐枯期相當明顯，一旦面臨乾旱期，缺水情勢更加緊張。

面對早已淤滿的水壩時

隨著極端氣候的出現，暴雨造成土石沖刷，國人普遍了解，泥沙淤積，不但讓台灣頻頻亮出缺水警訊，更縮短水庫的壽命。

事實上，受到台灣天然地理環境的影響，水庫泥沙淤積由來已久。記得二十多年前，我還是個剛回國不久的年輕教授，就曾經和台大四、五位教授，接受台電委託，到日月潭上游的武界壩進行實地現勘。

武界壩是日據時代重要的水力發電計畫之一，主要功用在於攔截濁水溪，透過引水隧道送到日月潭儲蓄、調節，再導入發電廠發電。由於濁水溪上游經常性崩塌，輸沙量相當大，攔水同時也攔阻沙石的武界壩，面臨嚴重的淤積問題。台電因此委託學者，研究如何進行排沙。

那時候，交通仍然相當不方便，我們一行人先到霧社住一晚，第二天徒步走了半天，才抵達位於南投仁愛鄉，從萬豐村到武界部落間的武界壩，看到這個當初一磚一瓦都是人工背入深山，用汗水興建而成的壩體。

直到現在，我仍記得，站在壩上就可以看到水庫底，整個壩幾乎已經淤滿。

由於濁水溪的濁度實在太高，淤積不但無法排除，還會日漸惡化，我們能做的只有設法阻止砂石跟著水流進入日月潭，否則不但造成水庫容量減少、取水困難，混濁的潭水更無法吸引人潮前往，觀光也將一蹶不振。

當年的細節已不復記憶，大致是建議台電另外打一條隧道，取水不取沙。研究成果不但獲得台電的甲等研究獎，武界壩至今即使已經淤滿，仍持續取水發揮功用。

這是我第一次接觸一個已經淤滿的水壩。二十多年的時光倏忽過去了，在台灣，類似的案例卻愈來愈多，甚至因為泥沙淤積造成水壩垮掉。

位居石門水庫上游的榮華壩，為省政府時期自行設計施工的水壩。當時設計主要用意在於攔截大漢溪砂石，一九八四年完工啟用，現任經濟部水利署長楊偉甫曾經參與興建，那時候的他還只是個基層工程員。

轉眼間，距離啟用至今不過才三十年時間，八十二公尺高、庫容量多達一千兩百四十萬立方公尺的榮華壩，竟然已經幾近淤滿泥沙，淤積率超過九七％。

一般來說，水壩壽命支撐百年沒有問題，榮華壩卻注定短命。二〇〇四年，艾利颱風來襲，竟為石門水庫帶來三千六百多萬立方公尺的泥沙，榮華壩也因此遭受重創，蓄沙量只剩下原來設計量的十分之一。

到二〇〇七年的韋帕颱風更帶來致命的一擊。那年九月中旬的韋帕颱風，為北台灣帶來豐沛雨量，尤其是大漢溪流域，造成位處榮華壩上游距離十一公里遠的巴陵壩，右側壩座因為溪水沖刷而遭到掏空，沖毀約六十公尺。

在暴雨和泥沙的雙重壓力下，巴陵壩出現不可彌補的缺口，原本壩體所攔阻的泥沙，順勢由位居它下游的榮華壩承接，到現在仍找不到有效的排沙方法。

巴陵壩潰壩的警訊

巴陵壩垮掉後，水利界警覺到，對一個已經淤滿的壩，若持續不理不睬，只要一個颱風就可能讓它自然潰壩。對一位研究者來說，這卻是個千載難逢的好機會，我趕快派學生，前往調查測量巴陵壩被沖垮後，壩體原本攔阻的一千多萬立方公尺的泥沙崩滑，對上下游造成的衝擊和影響。

我們當時有兩個重要發現。

巴陵壩潰壩後，出現溯源沖刷現象。簡單說，就是沖刷會往上游漫延，一路漫延長達約二十公里，以致更上游的巴陵橋橋基面臨掏空威脅。另一方面，一千多萬立方公尺的泥沙往下游宣洩，全被榮華壩攔住，造成榮華壩整個淤滿，淤積率超過九七％。

而位於榮華壩下游的義興壩只是個高度二十五公尺的小壩，萬一來個超大颱風或是暴雨來襲，已經形同石門水庫最後一道防線的榮華壩再被沖垮，對石門水庫將是無可挽回的大災難。

我們更想了解的是，有沒有可能趁危害還沒有發生前，拆掉淤滿的攔沙壩。

歐美國家在十幾年前就喊出「河川文藝復興」的口號。回溯人類蓋水壩、建水庫的歷史大約一百年，一般認為水壩的壽命也是一百年左右。此時，我們正面臨抉擇的關鍵時刻，淤滿的水庫要怎麼辦？如果要拆，又要如何拆？歐美國家開始嘗試有計畫地拆掉淤滿的小水壩，美國也有成功經驗。

若要避免水庫太早淤滿瀕臨死亡，更要及早拆掉老的攔沙壩。我跟水利署建議，我不期待你明、後年就動手拆掉像榮華壩這樣的大壩，但要先了解拆壩到底要如何拆，把規範做出來。

我也曾經跟台電公司溝通拆壩的可能性。日據時期為了水力發電，在南勢溪興建桂山壩和粗坑壩，供位處南勢溪和北勢溪匯流處的桂山電廠發電。如今桂山電廠已經不再用來發電，但只要到過烏來的人都會發現，因為桂山壩和粗坑壩攔阻水源，造成南勢溪中下游幾乎乾枯無水，下游河床只見石頭不見溪水。若能拆壩，對發電沒有任何影響，還可以恢復南勢溪的河川生態。

到櫻花鉤吻鮭的故鄉拆壩

但多次溝通後，仍無法說服台電。從這經驗可以看出來，在台灣，不論是經濟部水利署或台電公司，只管興建水壩、蓋水庫，但說到要拆壩，大家都不願意接受或是面對這樣的挑戰，不過，因為知道拆壩是台灣在可見的未來必然要走的趨勢，我並沒有放棄。我們的團隊最後相中七家灣溪的一號壩，也是台灣國寶魚櫻花鉤吻鮭的棲息地。

七家灣溪一號壩當時興建的功能用來攔沙，但也因此造成廊道破碎、棲地毀壞，更形成直接的阻隔，不少學者的研究都指出，櫻花鉤吻鮭無法從下游洄游到上游，族群間無法交流，上游族群萎縮，導致基因愈趨同質化。

為了減緩遺傳多樣性的流失，保持各地域族群的暢通，拆壩成為唯一的解決之道。

於是我跟當時的雪霸國家公園處長陳茂春談，為了櫻花鉤吻鮭的復育，若能拆掉一號攔沙壩，將是生態保育界的壯舉。另外，一號壩已經淤滿泥沙，壩基也被掏空，若不拆，颱風來可能如巴陵壩般遭沖垮，最壞的情況是櫻花鉤吻鮭的棲地也隨之消失。因為一旦一號壩垮掉，七家灣溪內的泥沙濃度勢必突然飆高，好不容易才復育成功的櫻花鉤吻鮭根本無法生存，勢必造成無可避免的生態風暴。

陳茂春聽懂了，支持台大團隊做研究，也同意有計畫拆壩。我們不但做精密調查以及水工模型試驗，研究壩體要如何拆，拆完之後對上下游有何影響，期間經過將近一年半的論證，更集結眾多專家學者，大家都同意，拆掉一號壩對生態保育和河川安全有正面且積極的影響，最後決定拆除。

在拆壩的同時，不能造成櫻花鉤吻鮭的任何傷亡。因此在拆除前，先由生態保育專家把下游的櫻花鉤吻鮭撈起來，再執行拆除工程，等到拆完後，再把暫時遷徙的魚放回去。

這是台灣有史以來，首度在嚴謹監控下，以嚴密的科學研究支撐執行的拆壩計畫，也是河川廊道和棲地復育的重要指標。我們的團隊利用這次機會，傳達出訊息，企圖說服水利署，正視拆壩的可能性。

因為這是水利署和相關單位，必然會持續面對的嚴肅議題。七家灣溪一號壩才十五公尺高，國外的拆壩經驗也同樣是十五公尺，再高的高度沒人敢碰，因為難度高、衝擊也大，但這可能是人類不得不，也必須要面對的共同課題。

尤其在台灣，隨著淤積或滿載的攔沙壩愈來愈多，壩體的壽命愈來愈短，提早走向盡頭，不是我們不去面對，問題就不會發生。若是任由它自然垮掉崩塌，可能會威脅周遭住民的生命財產，甚至造成不必要的傷亡損失。

如果能及早預防控制，就可以避免悲劇的發生，但前提是必須先評估壩體的安全性，萬一有疑慮，就要考慮拆除，拆前更要做水工模型試驗，和完整的基礎論證。

清除水庫淤泥是不可能的事

事實上，泥沙淤積不僅造成潰壩危機，更嚴重的是源源不絕的泥沙進入水庫，造成庫容量愈來愈少，蓄水量大幅縮減。以國民政府在台灣興建的第一座大型水庫——石門水庫來說，當初設計為滿庫時可蓄水三億噸，不過五十年，如今只剩下二億噸。曾文水庫也因為吞沙納土，從原有的六億噸容量，淤到僅剩四億噸，水庫淤沙的困境愈見嚴峻。

不論是現在或未來，台灣都不可能再蓋新水庫，因為能蓋水庫的地方已經全都蓋了；既有的水庫容量又不斷萎縮。接下來的問題是，水庫要不要排沙？能不能清淤？

石門水庫目前所採取的方法是挖掘兩道排沙隧道，雖然發揮作用，也比以前排出更多泥沙，但和進入的泥沙量相比，仍是不成比例。於是，有愈來愈多民意代表，甚至是媒體輿論提出建議，強烈要求政府編列大筆預算，清除存留在水庫底的淤泥，增加蓄水容量。

但是我在歷次的演講中都明白告訴在場聽眾，清除淤泥是不可能的事。為什麼？我們就來算算這筆帳。

所有的水庫、大壩都在深山中，山路蜿蜒、交通更不方便，若要清除淤泥，首先遭遇的就是要動用大量砂石車清運，但這些山路往往都不適合砂石車通行，要抵達深山庫底，根本上就困難重重。

其次則是清淤所需的經費。以我還在擔任省政府水利處處長時代，大約是一九九〇年代中末期詢價所獲得的印象，一立方公尺的泥沙放上砂石車載走，就要新台幣一千元，單以石門水庫淤泥多達一億立方公尺，全部挖起來，光清運費用就要一千億元。

以政府目前的財政狀況，這完全不可行。即使可行，這麼多的砂石又要載到哪裡去？如何做最終處置？

第三是可能造成的二次汙染和工安問題。一輛砂石車約可以載運二十噸砂石，一億立方公尺約等於二・六五億噸，可以想見清除淤泥的砂石車輛，排列起來的長度約可以繞行地球一・八圈。

這麼大量的砂石車進進出出，行經過的路段，不僅路基全被壓壞塌陷，揚起塵土容易造成二次汙染，更別說可能引發的工安疑慮。

清淤這條路看似簡單，難度卻非常高。但放眼全台，已經沒有地方蓋水庫，子孫的支票都被我們這一代開完，過去以進出口貿易創造經濟奇蹟的台灣，將發現什麼都可以進口，就是水不能進口。缺水就缺水了，誰也幫不了你。

面對缺水的未來，到底該怎麼辦？

汙水廠改頭換面回收水再利用

所謂開源節流，「開源」既然已經是一條死路，我們只剩下節流，但要從哪裡節流？第一是水的回收再利用，第二就是檢討水價，將水價調漲到合理範疇，以價來制量，也藉此敦促企業、工廠朝向節約用水的生產方式。

我在擔任內政部長時，開始著手推動水的回收再利用。

當時我注意到，國內職掌廢水處理的內政部營建署，手中掌握全國四十六座汙水處理廠，處理各地每天生產的二百八十五萬噸工業和生活汙水，以物理、生物或化學方法，分離固體汙染物並降低水中的有機汙染物，減輕汙水對環境的汙染危害後，直接排放到河川中。

這意味著，營建署將汙水蒐集並處理後，視為沒有價值的廢水，直接放流。

另一方面，負責開發水源的經濟部水利署，在所列出的一條又一條開源政策中，卻看不到汙水回收再利用的選項。

於是，我把營建署長和水利署長找來，三個人一起坐下來，討論將營建署原本要放流的汙水，交給水利署回收再利用的可能性，「公共汙水廠放流水回收再利用推動計畫」就此誕生。在四十六座汙水處理廠中，我們從南到北選定八座做為示範廠，分別是高雄鳳山溪廠和臨海廠、台南安平廠和永康廠、台中福田廠和豐原廠，以及桃園的桃園廠和中壢廠。

以進度來看，首座完工供水的將是鳳山汙水處理廠，汙水回收經過處理後，以一度二十元賣給中鋼公司。相對於自來水水價平均每度十元，中鋼為何願意用兩倍的價錢購買？因為一旦缺水，中鋼營運風險瞬間升高，一天即可能損失高達七億元台幣。

水資源對高科技產業更是不可或缺。缺水風險最高的南部科學園區，供水量只要減半，園區內工廠一天的損失即高達二十到三十億元。新竹科學園區缺水最嚴重時，曾經被迫用水車載運水「救急」，換算下來每度水竟然高達六百元。

愈來愈多企業和工廠都急於尋找可靠的第二甚或第三水源。所以，這八座示範廠尚未完工前，在內政部營建署的媒合下，已經找好使用端的「買主」。

鳳山溪廠和臨海廠供應臨海工業區，台南安平廠和永康廠供應南科，台中福田廠以中港特區為主，豐原廠鎖定中科，中壢廠供應觀音工業區，桃園廠則是輸送到規劃中的桃園航空城。

精打細算的企業、工廠為何願意出高價買回收再利用水？除了要降低缺水帶來的風險，我也拍胸脯保證，雖然現在一度成本約二十元，但以科技進步之快速，或許不久的將來，就可以達到和自來水價相當，這也是我們樂於見到的發展。

請出副院長毛治國

在將理念落實的過程中，並非總是一帆風順，為了要突破傳統的行政思維，衝突和拉扯在所難免。

我特別拜託當時的行政院副院長毛治國出面整合。因為「公共汙水廠放流水回收再利用推動計畫」，牽涉部會和層級相當複雜，開發端的內政部營建署為政策制定單位，執行端為地方政府，使用端包括工業區、科學園區和國營企業等分屬經濟部和科技部，需要行政院出面協調。

同時，我也要面對主計總處和國發會的質疑，依照既有的行政經驗，鳳山溪污水處理廠增加設備，以回收污水再利用的成本為十七元，相較於自來水一度十元，從帳面數據看來根本不符合成本效益。

我拜託主計總處和國發會要算「大帳」。計畫執行後，將大幅降低從竹科、南科到中鋼等企業缺水風險，這績效也要算進去，不能只看數字，而是要看數字背後的效益。

其次是，八座示範廠都運轉後，每日回收污水量約三十萬噸，隨著科技不斷進步，處理成本勢必跟著下降，將來逐步擴增到四十六座污水處理廠都加入回收再利用行列，每日生產汙水二百八十五萬噸達到滴水不漏收回，國家可以少蓋一座翡翠水庫，甚至兩座石門水庫。

大家可以想想，蓋一座湖山水庫的工程經費高達兩百億元，每日供水量不過二十六萬噸，蓋一座海水淡化廠也要八十五億元，供水量更只有十萬噸，但我們不過利用既有的汙水處理廠增建設備，就有可能增加供水多達二百八十五萬噸，顯然，台灣在廢水回收再利用上還有極大空間。

在我腦中所構思的水資源藍圖，都是提前為二〇三〇年做準備。以水利署估算屆時每日缺水達到一百四十三萬噸，我們只要將二百八十五萬噸的汙水回收一半處理後，轉供工業使用，騰出自來水做為民生用水，就能順利解決可能面臨的缺水危機。

台灣水價全世界第四低

對於缺水，大多數民眾沒有意識到危機，就是因為自來水太便宜，所以從民間到政府都沒有把廢水回收再利用的可能性，列入優先順序積極處理。

眾所周知，台灣的水價非常低，但到底有多低？答案是全世界第四低。全國平均一度十元，台北市一度七元，我們用絕對值來算（不用各國購買力平均換算），水價最低的國家是非洲馬拉威，第二是南非，第三是塞爾維亞，第四就是台灣，比中國大陸還低。

但政府蓋水庫、開發原水的成本一度約二十元，國人用水卻只付十元，形同賣一度水至少要貼十元，自來水公司永遠有藉口不去改善老舊的管線設備，原本可以生飲的自來水，經過管線送到家戶後，沒有人敢喝，注重健康的人還要加裝濾水器，加上管線年久失修以至於漏水率高達三成，對於已經被列為全世界第十八大缺水國的台灣，可說是雪上加霜。

這對城市的形象更造成無可彌補的傷害。因為漏水率太高，自來水公司

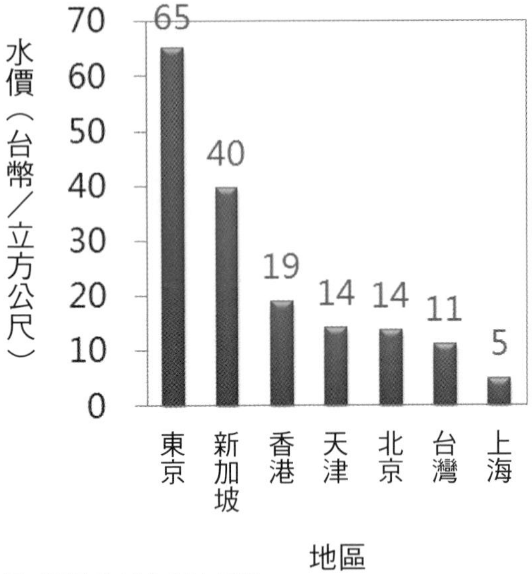

台灣水價與亞洲其他城市相比偏低
資料來源：經濟部水利署

唯恐加壓送水會漏更多水，但現代建築多是高樓，不加壓又無法滿足所需，所以幾乎每棟建築物屋頂都裝設水塔，大家也認為理所當然。結果從高空往下望，全是一顆顆在太陽光下，閃耀著刺眼光芒的銀白水塔，成為台灣所有城市的共同「特色」。

過去，我也以為本該如此。有次荷蘭一位水利專家來訪，他好奇地問我：那是什麼？我說那是Roof

Water Tower(Roof Tank)，這時我才恍然大悟，只有台灣才有這種特殊的「屋頂水塔」。

我們斤斤計較水價，拒絕調漲，卻不去計較因為水價太低，只能任由管線設備生銹腐蝕，家家戶戶要花更多錢蓋水塔蓄水。想想那幅畫面，每棟建築物都戴上圓筒銀帽，市容毫無美感可言。

注意到了嗎？這整件事情的邏輯猶如「雞生蛋、蛋生雞」。水價太便宜，耗水產業不願意投資購買節水設備，所謂「節水」永遠只是道德勸說，國人的認知也停留在馬桶內放寶特瓶，以為這樣就是環保。

我想大家都贊同，政府要為人民看緊荷包。有個事實必須先釐清，國人拒絕水價調整到合理價位，但以用水量而言，近八百萬的民生家戶每年用水不過三十五億噸，工業用水戶約十萬，卻消耗多達三十億噸，造成的結果是政府都在補貼財力雄厚的用水大戶。

以價制量，每滴水都不浪費

要能充分實現使用者付費，又不要讓民眾承受太大壓力，合理的操作方式應該是水價以差別費率計價。根據國際水資源協會（International Water Association, IWA）統計，每個人每天合理用水量為兩百公升，現今台北市為三百四十二公升、高雄市約二百四十八公升，相較於美國人二百五十公升、荷蘭人一百二十八公升，台灣人用水量顯然偏高。

所謂差別費率，假如用比較寬鬆的標準，以每人每天用水二百五十公升計算，一家四口人每天用水量在一千公升以下，水價即保持現狀，以平均每度十元計價，但若超過就如階梯般跳升，以此方式類推，不但民眾會認真思考節水的可能性，達到「以價制量」，各種相關節水產業也會因此應運而生。

政府進一步要做的是告知產業，水價將朝差別費率的方向調整，並給予適當緩衝期，在這期間由政府提供貸款，並由專家協助產業界更新設備，將回收廢水再利用率提高到八至九成，盡量做到讓每滴水都不浪費。

記得我還在內政部長任內，曾經受邀參加經濟部舉辦的節水會議，對台積電的印象相當深刻。由於半導體屬於相當耗水產業，光台積電所有工廠一天用水量加起來就要三十萬噸，而彰化縣一天需水不過二十八萬噸。為了節水，台積電投資五千萬元改善工廠設備，進行回收水再利用，如今回收率達到九成，一年省下水費高達一億八千萬元。

不但國家省下水資源，企業更是實質獲益者。為了鼓勵更多企業仿效，政府一方面提供專家協助企業診斷，一方面鼓勵銀行進行綠色融資，慢慢地自然誘發各式各樣的節水產業出現。

根據歐盟國家經驗，在一九八〇年代，當要求工廠的廢水回收再利用率達到八成的同時，他們的工業產值不減反增三倍，顯示工廠落實清潔生產和水回收再利用的過程中，製造效能也隨之提高。

除了鼓勵產業節水，政府同時可以藉此翻轉城市。例如縣市政府補助老舊建築外表「拉皮」，或是強化結構安全，同時要求馬桶或是淋浴等全都採用節水設備，或是更大膽要求在三年內所有家戶都換裝節水馬桶，經費則由政府和民眾各出一半等等。

如此一來，不但節水產業蓬勃發展，節省大量水資源，延緩台灣缺水危機的發生，更可能比照新加坡、以色列，發展出獨有的水處理系統和模式，以台灣為品牌，在全世界各地協助解決水資源相關問題，尤其是水源嚴重汙染且不時傳出缺水的中國大陸。

如果能趁此機會，將台灣的劣勢——水資源缺乏，轉化成為台灣的優勢——創新的水處理系統，不但能刺激新產業的誕生，製造就業率，創造循環經濟，還能增加國家稅收，政府所有投資都能拿得回來，更重要是再也沒有必要興建水庫、破壞生態，一次解決所有問題，也為子孫保留得以喘息的空間。

06

讓城市不再淹水

低衝擊開發的根本解決之道

——

高樓大廈一棟棟蓋，
上游開發，下游淹水，再多堤防和抽水站也沒用。
根本辦法是讓城市綠色化海綿化，讓每一滴水都滲透到地下。

在我小的時候，泰山幾乎是每逢颱風就淹大水，一年總會淹個兩、三次，大家也習以為常。

那已經是四、五十年前的往事，至今想來仍歷歷在目。颱風雨過後，農村田野全連成一線，水流湧過門檻，水蛇、烏龜也順勢游進門來。當時我家已經是磚牆建造，隔壁房子還是土角厝，在一場颱風中，就這樣硬生生被強風颳倒。

密不透水的台北

在那個全台灣都貧窮的年代，每逢颱風淹水就像是一場洪水嘉年華。隨著水流不斷升高，村裡的河面開始出現豬、雞、鴨等順著水漂，當然還有肥美的魚在水面跳躍。遇到這種時候，很多人會跳到河裡去搶雞鴨，或灑起魚網捕魚，有人想要趁機撈一筆，更多希望能減少損失。一條河流，承載了多少人的喜怒與悲歡。

長大後，讀到大陸作家沈從文的小說《邊城》，總會讓我回想起這一幕。現在談淹水，我們習慣區分內澇和外澇。簡單說，外澇意指河川河水氾濫，淹進人居住的地方，時間長且規模大；內澇則是都市排水不良所引起的水患，屬於小規模淹水。

隨著城市逐漸發展，大台北在投入大量資金進行整治後快速都市化，外澇問題已獲得根本舒緩與解決。在前總統李登輝擔任省主席的年代，開始進行大台北防洪計畫，用堤防、防洪牆和上百座抽水站將台北保護得密不透水，還有一套全世界最好的洪水預報系統，大學在其中扮演著重要角色，如台大水工試驗所即負責開發軟體和管理模式。

大台北防洪計畫中，特別注意到蜿蜒的淡水河，河面寬度約四百公尺，但到台北橋附近時卻出現瓶頸，限縮到只有一百五十公尺，每逢暴雨來襲，河水無法及時宣洩，周遭地區全受害。但三重及台北大橋頭附近已是人口稠密的商業區，河道無法拓寬，只好犧牲人口相對較少的二重埔，於是決定打造二重疏洪道，強制將二重埔至五股洲仔尾地區的居民全部遷離。

那時候我還在美國攻讀學位。回國後聽老一輩工程師談起，他們第一次面對這麼大規模的拆遷行動，當地人所居住的房屋、土地無端被政府徵收，政府答應分配的土地卻沒有著落，人人邊搬邊嚎啕大哭，連前去拆屋的人也陪著掉眼淚。

工程思維的大台北防洪計畫

從基隆河整治到大台北防洪，政府花了兩千多億元，將大台北保護得固若金湯，卻付出巨額的社會成本，很多人更因此家破人亡。

追根究柢是因為大台北防洪，完全是工程思維。

諷刺的是，當時這批犧牲自己，成就國家發展的人，卻直到一九九八年才確定分得補償土地。中間歷經十五年，省主席也從李登輝、林洋港、連戰到宋楚瑜，到我擔任水利處長時，才奉命召開會議將土地分出去，由台北縣政府負責造冊執行。

二〇〇三年，我代表台灣去日本京都，參加第三次世界水論壇。我的報告聚焦在大台北防洪計畫以及所獲致的成果。在這場國際會議中獲得所有開發中國家的關注，他們羨慕台灣耗費巨額成本，保護一個城市免於水患侵襲，尤其是建置洪水預警系統，更超乎與會者的想像。

但是在一片讚賞聲中，我的結論卻是：我們可能錯了。因為規劃大台北防洪計畫當時，正逢七〇年代末、八〇年代初，全世界工程界瀰漫著人定勝天的強烈氣息，堅定相信工程可以解決一切。

在當時候的美國，水利工程界同樣迷信以河川截彎取直及大量的工程措施，可以減少水患發生。我在愛荷華大學攻讀博士時，曾經到南方參觀密西西比河的截彎取直工程，負責施工的是美國陸軍工兵團，至今我仍記得他們帶著我們到處去參觀時，臉上那股驕傲的神情。

不過，到八〇年代中後期，我取得博士學位即將返國前，美國的水利工程界已經轉向，熱烈討論該如何讓拉直的河流再彎回去，而且所耗費的經費可能遠比取直工程還要高。

不論如何，大台北防洪確實發揮作用，除人為疏失外，我可以保證，不會有任何一滴水，從淡水河氾濫流入台北地區。

設計一個海綿都市

但不要以為大台北從此得永生，不會再淹水。事實上，只要降雨量超過抽水站設計的抽水量，在水門關閉的情況下，大台北地形如同臉盆，水蓄積在盆底，加上都市排水不良，就會出現內澇，如同發生在二〇〇一年九月的納莉颱風，水淹捷運、癱瘓交通，造成大台北損失慘重。

我們無法回到過去，但我忍不住反覆思量，三十年前若能運用都市設計手段，取代大台北防洪的工程思維，或許可以解決今日所遭遇的種種難題。

過去的都市發展模式，傾向於無限量開發，地表鋪上柏油路面、水泥和磁磚，讓原本應該滲透到地面下的水無處可走。政府興建排水設施的速度，永遠比不上都市發展規模，隨著暴雨愈來愈常發生，城市水患也愈來愈嚴重。

所以我提出新的思維模式：低衝擊開發，也就是設計一個海綿都市。海綿都市是運用透水道路、透水停車場，乃至於在公園綠地規劃滯洪池，讓每一滴水都能滲透到地底下。如此一來，除了解決淹水問題，多餘的水不會滯留在地面上，其次是隨著公園綠地增加，都市面貌從此改變，放眼不再是冷冰冰的建築物。

此外，建商和房地產產業也不會因此受到牽動，因為我們曾經評估，施工成本並不會因此增加，在地面上種樹、種草並不會比鋪磁磚需要更多費用。

都市開發的同時，不但能降低對環境的衝擊，還能減少城市水患的發生，這才是真正的多贏。

事實上，低衝擊開發模式源自於多年的生聚教訓。我在台北縣服務時，林口台地陸續開發，高樓大廈和新建築一棟接一棟，沒有停過，但新莊、泰山和五股地區卻愈來愈常淹水。

回顧過去，省政府在三十多年前為了解決新莊水患，在塔寮坑溪設置抽水站，每秒抽水量高達八十秒立方米，讓新莊從此不再淹水。但我在台北縣政府時，水利局給我的數據是，塔寮坑溪從迴龍、龜山段進入新莊的水，已經高達每秒三百立方米，遠遠超過抽水站原來的設計量，只要一下大雨就淹水。

水利單位唯一能做的，只有增設抽水站，並將堤防增高。

但這畢竟並非長久之計。我告訴水利局，若位於林口台地的龜山、迴龍繼續大量開發，投資再多錢設抽水站、將堤防加高，保護新莊也沒用。因為房子愈來愈多，過多的水透過路面導入塔寮坑溪，再多抽水站也不夠，新莊水患勢必愈趨惡化。

於是，我們積極和桃園縣政府接觸，建議在龜山地區設置滯洪池，暴雨時唯有讓水先宣洩蓄留在滯洪池中，下游的新莊水患才有解。

錢被建商賺走了，後患由政府承擔

這是典型的上游開發、下游遭殃。錢被建商賺走了，後患卻是由政府承擔。光是塔寮坑溪區域排水，就牽涉台北縣和桃園縣政府，也因為跨縣市，全案最後落得沒有下文。

同時台北縣政府為徹底解決淹水問題，建議在林口台地規劃設置三十個滯洪池，包括各式各樣的公園、池塘等，減少新莊、五股和泰山地區經常淹水的困境。但緊接著出現的問題是滯洪池該由誰管理？林口鄉公所不願意接手，水利局人力有限，社區更是沒有意願，因為滯洪池平時雖然美輪美奐，若沒有好好維護，萬一積水淹出人命，誰都無法承擔責任。

一個好的政策在規劃時，從建設、經費到管理，處處都不能偏廢，但在台灣，我們往往只注意到建設面，管理面卻相對被忽視，以致許多工程都無法達到預期效果，甚至帶來更大的災難。

因此在設計低衝擊開發時，我們認為應該由建商承擔責任。我要求營建署在審查都市計畫時，必須和排水審議結合。建商所提出的開發過程，不論是利用透水停車場、綠地或滯洪池公園概念，都要證明建築基地中的每一滴水，都會滲透到地底下，同時這些設施要和公共空間相結合。

除了建築法規明確規範都市設計結合排水審議，目前台大水工試驗所也協助營建署編寫設計規範，以方便建築和工程在規劃設計時有所遵循，如何讓大部分水滲入地下，先到小系統、中系統，再到大系統。

講起來似乎簡單，但在操作上非常困難。因為單在縣市政府層級就跨越好幾個局處，包括城鄉局、水利局、交通局，假如有水質問題，連環保局都要出面，此時到底由哪個局主導，就需要協調再協調。在中央則跨了好幾個主管的部會。

這也就是我一再強調，政府運作方式要改變的理由。

中國第一個低衝擊開發區

我還記得，二〇一二年北京發生七二一水災，傷亡慘重，整個北京幾乎癱瘓。幾個月後，他們派了位前任副市長到內政部辦公室請教我，我把海綿城市和低衝擊開發的概念跟他說明，聽完後他直說，這就是北京市需要的。

他問我是否可以去北京幫忙，我說可以，只有一個條件，請北京市政府發一張邀請函，頭銜是李部長鴻源，我一定義務幫忙。他很遲疑地問，萬一發不出來，怎麼辦？我告訴他，請他把人送來，台大很樂意幫忙訓練。

離開內政部後，北京市立即邀請我到房山區考察，並在二〇一四年七月成行。透過台大水工試驗所的計畫，我建議將房山打造成中國第一個低衝擊開發區，因為低衝擊開發已經是世界趨勢和潮流，若能在房山出現大規模示範區，對中國、對台灣，甚至對世界都會產生深遠的影響。

我深深知道，低衝擊開發要成功，關鍵在政府的執行力。中國大陸在建設上，只要領導願意做，就可以落實，反觀在台灣，卻需要說服再說服，從行政院到立法院都有不同意見，執行並不容易。

此外，低衝擊開發是非常新穎的都市發展概念，目前多侷限在新社區，即使是都市開發案，頂多也只有十、二十公頃，而房山面積卻廣達兩千一百平方公里，約等同一整個大高雄或新北市。若能將這麼廣泛面積設計成海綿，吸收地面多餘水分，不但可以解決房山地區頻傳的內澇問題，對台灣也是很好的示範。

翻轉老社區的關鍵

但除了新社區和開發案之外，台灣更迫切需要的是老社區翻身。以傳統老社區中永和來說，每平方公里居住人口超過兩萬人，一旦淹水，更可能造成無可彌補的生命財產損失，如何改造成為具有海綿功能的社區，確實是相當大的挑戰。

我請學生將省政府住都局（現已納入營建署）七〇年代的中永和都市計畫圖調出來，發現大部分公園預定地全都蓋起高樓大廈，都市水泥化的結果，政府光投資興建雨水下水道就超過上百億元。

我們進一步進行模擬，以中永和既有雨水下水道，遭遇強降雨時，是否會造成大淹水？結果當然是淹水嚴重，因為中永和居住密度太高，再也沒有空間擴展下水道規模。

接下來是情境模擬，如何改造現有的停車場、公園和學校操場。舉例來說，台灣傳統的公園造景，都是買土造假土丘，形成假山假風景。一旦大雨來襲，原本公園該承接的水，因為無法滲透到地底下，全都流往公園旁，造成附近社區的負擔，這就是典型的「以鄰為壑」。

但我們著手改造，公園不一定要有山丘，反而可以設計成為凹陷的劇場，平常中間是舞台，四周即是觀眾席，觀眾間也不會互相干擾；另在周邊設計植生溝，暴雨來時可順著流入土壤，再慢慢流進下水道，以緩解都市淹水的壓力。

我們進行各式各樣模擬，目標就是要讓中永和這樣的高密度地區，使用最少的成本，達到最好的效果。

持續執行力是我最憂心的地方

事實上在台灣，低衝擊開發概念還在起步中。營建署現正積極訂出低衝擊開發手冊，從低衝擊開發的定義、道路如何設計、停車場如何設計等，都有明確的規範和標準作業。未來，待內政部公告，縣市政府做局部修正，每個都市進行社區開發時，照低衝擊開發手冊操作，建商、建築師和設計師等也將有所遵循。

雖然都市計畫審議結合排水審議已經放入建築法規中，所有開發案都要確認排水的可能，但擺在眼前還有些難題需要克服，如第一步要先改變營建署對下水道建設的觀念，不是當容量不足時，只知道擴大規模。其次是營建署負責下水道和都市計畫是不同單位，專業和訓練不同，雙方必須要有對話基礎和管道，第三是持續執行的決心。

持續執行的決心，正是我最憂心的地方。台灣的政策經常隨著政務官上上下下，我還在內政部時，將低衝擊開發列為施政優先順序，如今雖然已經離開，但仍時刻關心這攸關城市治水的政策，及讓城市翻轉最好的解方。

我衷心希望，不要因為我不在位置上，整個政策就暫緩拖延，不然實在很可惜。因為這很可能原本是台灣的創新構想，最後卻要去北京參觀示範區，才能了解核心價值。

這無異是台灣的悲哀。

第二部

先有「夥伴關係」，才有一流國家

07

夥伴政府才是王道

為什麼我們的國土規劃始終各吹各的調？

—

每次發生重大議題，部會之間的節奏和法令互相矛盾，無法妥協。當中央沒有大方向，目標不明確，各部會不是團隊，而是左手打右手。政府的運作方式一定要改變。

從空中鳥瞰台灣，你看到什麼？一個又一個奠定今日台灣經濟的科學園區，或是一波又一波在陽光下迎風搖曳的稻穗？

事實上，在這些美麗風景背後，隱藏太多不為人知的秘密。例如，我們設置科學園區的地點，常是既缺水又淹水的地方；過去一大片的綠地農田，現在卻消失殆盡，尤其是北台灣的灌溉系統幾乎都不見了。

台灣早在一九五〇年代就有都市計畫，若根據當時的計畫規模，今天高雄市和台北市都是擁有四百萬人口的大都會，但是這兩個城市都沒有達到當初設定的目標；我們也有區域計畫，翻開每個計畫好像都是對的，但如果像拼圖一樣拼接在一起，又會發現其中有很多矛盾。

做對的事或討好民眾的事？

過去的因，造成今天的果，逼使我們不得不去思考國土規劃。以往，因為沒有國土計畫法，所以難以找到法源去規範土地的使用，現在有了國土計畫法，但十幾年來卻在立法院數度進出。

什麼是國土計畫法？用簡單的話說，就是明智使用這塊土地。因為牽涉國土規劃，所以應該是一套涵蓋價值觀念、法令制度、行動實踐以及管理執行的體制。

這說明了國土計畫法涵蓋的面向，遠超過土地的合理開發、分配和利用，其中最重要的，是整體社會價值觀的扭轉。國家社會的整體價值思維，如果不改變，國土復育不可能達到，「永續發展」將永遠只是無意義的專有名詞，不會有具體落實的真正行動。

我們的社會價值觀嚴重扭曲，造成從部會首長到各縣市長的心裡，都有一把尺很難拿捏：我到底要做對的事，或討好民眾的事？做對的事情，可能是政治自殺，做討好民眾的事，就造成今天大家所看到的結果。

因為國土規劃的內容，涵蓋核能、農業、漁業、觀光休憩、休閒旅遊，還要考慮社會變遷，涵蓋這麼多面向，連法令規章都要隨之不同。因此不光是行政院，連立法院都要改變思維。

舉例來說，台灣面對能源，採取補貼政策，政府每次談到油價、電價、水價，政治人物和民意代表都說要替百姓看緊荷包。所有政策都在討好民意，而不是立基於理性分析。結果就是在台灣，油、電、水都很便宜，購車和養車的賦稅也不高，因為取得的代價很低，每個家庭可能都有兩、三部車，以至於政府永遠忙著蓋停車場、蓋高速公路，讓大家開車更方便。

有能源概念的交通政策

但是根據世界銀行分析，再三十六年汽油就會用完，再七十六年就沒有液化石油氣。如果將能源視為國土計畫的主要限制條件，政府就應該思考，汽油勢必愈來愈貴，未來民眾會慢慢開不起車，現在花大把公帑蓋的快速、高速公路，最後可能全都成為蚊子公路。

因此，政府的能源政策應該是以提高能源價格為基本前提，讓大家開不起車子，也不鼓勵你開車，將用來蓋高速公路的經費，轉而健全大眾運輸系統，讓每個人不用開車，也能便利到達想去的地方，這才是有能源概念的交通政策，也是日本和歐洲國家所做的事。

回頭檢視台灣的交通政策，偏偏學美國模式，蓋高速公路、大量興建停車場。現在更弔詭的是，因為油價、水價和電價牽涉民生需要，被認為太敏感，可能影響選票，沒有政治人物敢提議討論漲價的可能性。

台灣照這樣的節奏繼續走下去，永遠不會有人用太陽能電板和購買電動汽車，因為能源都是政府在補貼，人人都可以很便宜的價格取得油和電。

仔細想想，政府有多少能耐能繼續補貼下去？在台灣，高達九九・七％的能源都須從國外進口，我們對能源毫無自主性，未來勢必隨著國際價格波動，感受到愈來愈劇烈的震盪。

捷運最好開到家門口

但我們的政府制定政策，卻偏偏一路循著舊有的思維模式。如果你曾經到歐洲旅遊或生活，會發現一般人下了地鐵，走十幾分鐘或二十分鐘到家，是很正常的距離，即使下雨或下雪，大家也都視之為平常。

台灣人卻希望公車每五百公尺停一站，捷運最好開到家門口，連高鐵都要增設苗栗站、雲林站、彰化站三站。台北到高雄現在約一百分鐘，未來很可能超過一百二十分鐘。這就是我所說的社會價值觀。

顯然不論是中央或地方政府，都不是站在國家的制高點看國土規劃。政府的政策和決策，到底要符合大眾利益，或是小眾利益？若是站在大眾利益，也就是國家利益，這三站當然不能設；若是小眾利益，讓三縣市都方便，卻可能拖累大眾。當台北到高雄超過兩小時，將所消耗的社會成本累積起來，再回頭算，就知道完全不符合國家和社會整體利益。

從國家整體角度，正確的思考邏輯是：中央政府要明確表達不應該增設這三站，但同時要提出完整配套措施，提供三縣市更便捷的接駁運輸系統，讓這三個縣的民眾下了鄰近高鐵站能很快地回到家，而不是向現實的壓力妥協。

看看素有「低地國」之稱的荷蘭，土地面積約四萬平方公里，人口只有一千七百萬人，全國最低點在海平面下五．六公尺。我小時候讀書，看教科書上寫：荷蘭是全世界人口密度最高的國家之一。當時我一直以為荷蘭人一定住得很擁擠，到處都是高樓大廈林立，長大後踏上荷蘭土地，才發現跟我所想像的大不相同。

阿姆斯特丹是荷蘭全國人口最多的都市，二十年前我剛開始去交流時，阿姆斯特丹的人口約九十萬，現在已經降到八十萬人。在荷蘭，沒有任何都市容納超過八十萬人。

荷蘭的人口和產業，聰明地分布在他們的土地上。荷蘭人不住高樓，每個人都有舒適的居住環境，住家附近有足夠的生活機能，不像台灣將超過百分之六十的人口集中在大都市，以致造成高房價、高物價，淹水、缺水，堵車、汙染等都市病。

關鍵在於社會價值觀的轉換

我常在想，荷蘭和台灣同樣都是小國，國家面積和人口都差不多，荷蘭氣候甚至比台灣還惡劣。

他們都可以做到，為何我們做不到？

大家都以為國土規劃是學都市計畫、國土計畫或是學工程的人要負責，卻忽略真正的關鍵在於社會價值觀的轉換，讓人口和產業聰明分布在這塊土地上，否則國家有再好的計畫、再好的政務官都無法存活。因為在既有體制下，容易被民粹綁架，永遠只能做討好民眾的事情，並和各方利益妥協。

長期以往所導致的後果是，所有部會官員都在忙著解決昨天的問題，無法看到明天，甚至二十年、三十年後的問題。全台灣面臨的處境是，昨天的問題還沒有解決，今天的問題已經在手上，明天、後天乃至於三十年後的炸彈引信，同時被點燃。

更不用說，現在的政府組織和運作方式，根本無法處理「今天」的問題。擺在眼前的事實是，即使國土計畫法經立法院審查通過，馬上面臨的下個問題是「誰執行」？

這其中牽扯到行政院多個部會，能源主管官署是經濟部，交通政策是交通部，都市計畫是內政部。當一個內政部長在建置國土計畫法，他要如何把經濟部、交通部整合到其中？內政部長不可能談能源政策，交通政策更無法談，於是就淪為現在的狀況，只能在有限的範圍內執行，左支右絀、綁手綁腳。

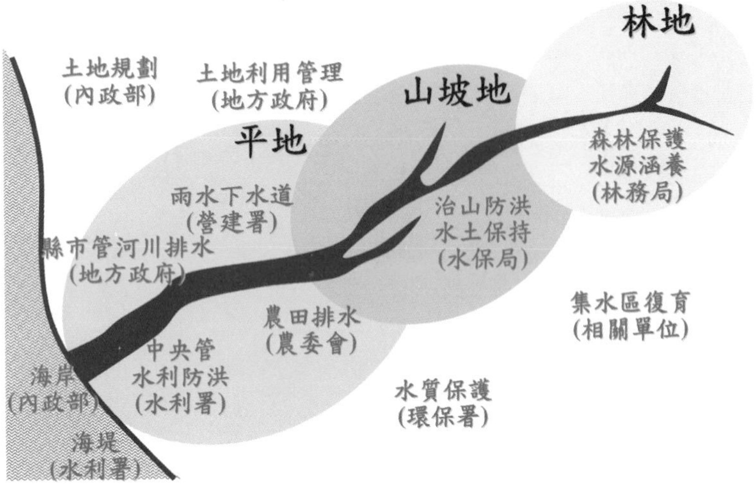

河流流域管理需要整合政府多個部會的運作方式

這就是我所說的，政府的運作方式一定要改變，跨部會的整合協調機制要出來。

但台灣一直有個迷思，以為組織改造後問題就解決。每次颱風橫掃北部後，成立「淡水河流域管理局」的呼聲通常會隨之揚起。

淡水河的管轄單位複雜，上游歸林務局、中游水保局、下游水利署，左岸新北市、右岸台北市，很多人因而主張要成立淡水河流域管理局，統合事權。聽起來是對的，但隱藏在背後的政治現實面是，淡水河流域管理局成立後，局長是十一職等，屬於中高階公務員，他要如何管新北市？如何管台北市？以當今「縣市首長為大」的政治氛圍，即使經濟部長也管不了台北市和新北市。

進一步從法令面來看，這其中牽涉的法令更是多如牛毛，上游森林法、中游水土保持法、下游水利法，流經都市中還有都市計畫、區域計畫，整理起來至少有二、三十部法令，法和法之間有很多介面要整合。因此這不只是管理問題，還有法律介面的整合問題。

台灣唯一有流域管理委員會的河川是高屏溪，但是否達到真正要做的目標？我認為離理想還有一大段距離。

高屏溪需要的是提出上位計畫，進行流域的總合治理。如今的高屏溪流域管理委員會不但成為兩百人的龐大組織，所管轄事務中，工程是水利署河川局在做，區域排水是高雄市、屏東縣政府在做，造成組織疊床架屋，人力也虛耗，管理委員會轄下所做的工作僅止於巡查等日常事務。成立十多年來，從沒有人檢討過流域總合治理有無發揮功能。

夥伴政府，重在整合與協調

我還沒到行政院前，曾經建議要成立流域管理委員會。但我所設計的流域管理委員會，不是用「管」的概念，而是整合政府運作方式，並協調和流域有關的單位，包括地方政府、民間團體如水利會、環保團體等全都納入。

而且台灣小，不需要每個流域都成立，而是提高層級，在行政院成立流域管理委員會，範圍涵蓋內政部、經濟部、農委會，至少三部會，若涉及出海港灣又牽扯交通部。這些部會首長每半年開一次會，將流域治理的大方向定下來，再交給次級單位水利署、林務局、水保局和縣市政府，讓他們去執行。

這些執行面的局處長，每兩個月開一次會，會中制定政策下的行動方案，三級單位負責第一線執行的河川局和水保局各分局長，固定每個月開一次會，透過整合協調來解決彼此間的介面和矛盾。

因為覆蓋的部會和層級太多，所有運作都必須靠整合和協調。

這就是夥伴政府，而不是把所有人整成「一家人」。夥伴政府中，別忘了要把環境團體、地方政府都帶進來，讓非政府組織（NGO）成為團隊成員。因為若是利害關係人在過程中缺席，政府做出來的政策就會產生偏差，不但帶來無謂的抗爭，更會耗掉社會力量，不如在一開始就讓各方意見充分表達。

整合、協調、執行缺一不可。但在台灣，不論是任何政策的提出，永遠談執行，卻不談整合和協調。

以即將成立的環境資源部而言，就是因為順著「水土林一家」的邏輯，把水保局、林務局、水利署和國家公園管理處、中央地質調查所、環保署等等，全都匯聚納入環境資源部。

聽起來立意非常良好，但卻忽視政治現實面。這些單位大多存在五、六十年，甚至有的日據時代就存在，各自有其運作方式和人脈。即使以制度硬綁成「一家人」後，局處之間還是各自運作，永遠不可能就此整合成為兄弟姊妹，因為每個單位的文化都不同。

舉例來說，一樣是管理水的單位，經濟部水利署和農委會水保局的人都是畢業自和水有關相關科系，但水保局人出自農學院，水利署來自工學院，所以對河川的管理概念，到河川堤防設計規範，兩方都不同，治理方式也不同，根本沒必要就此整成一家人。

我認為關鍵在於單位局處之間，要建置良好溝通介面和協調機制，而不是要大家結婚住在一起。

沒有協調和整合，更容易造成功能相互傾軋。環境影響評估是環保署職權，因為環保署不是開發單位，不是工程單位，理論上應該保持公正客觀。但規劃中的環資部，併入很多工程相關單位如水利署河川局、農委會水保局，環資部卻又負責環評，造成角色錯亂，既是開發單位、保育單位，又是環境影響評估執行單位。試問，未來萬一有重大水利開發案，環資部長的立場是什麼？他要支持左手、或是右手？

這就是政府一直以來存在的迷思。在部門設計上，只想到減少組織數目，沒有想到功能的發揮，這就是我為何不斷強調，台灣當前面對的問題是政府運作方式要改變，而不是行政院要進行組織改造。

部會之間要心存底線並懂得妥協

事實上，部會間矛盾是必然。每次有重大議題發生，部會和部會間的政策節奏和法令互相矛盾，每個部會都堅持本位主義，在我看來，這些都是正常，但是部會之間要懂得妥協，要有人對政策妥協定下停損點，每個部能達到共同認知，一起往前走，就會達到目標。

但我們遭遇的難題是，每個部會對「停損點」毫無共識。因為中央沒有制定出國家大方向和底線，當部會和部會之間要展開協商時，各部會都不知道自己談的基準在哪裡？又要如何妥協？

反之，如果行政院對重要的議題，有方向、有目標、有期望值，部會首長心裡就有很清楚的底線，再由政務委員出面，帶領不同部會從原來的本位慢慢挪移，挪移到國家政策的總體方向，再回頭修改政策、修改預算，這一切都需要經年累月的工作。

但這樣的運作方式，在台灣卻看不到，造成每次有重大議題需要協調，都是每部會各說各話，永遠找不到節奏。

我要再強調一次，國土規劃更需要夥伴政府，以及改變政府運作方式。因為國土計畫法就是給行政院做為上位計畫的基準，有基準之後，每個部會都照著基準往前走，有衝突發生，由政務委員出面協調，而不是急著進行組織改造。

我們需要的是加強政務委員的協調、整合能力，而且政務委員需要很強的支撐，要有足夠可以支持的團隊，才有辦法發揮功能。而不是像現在的政務委員辦公室只有兩、三位秘書，這種配置除了轉公文外，很難發揮它應有的職掌。

08

台灣需要多少縣市？

區域整併，依據定位營造特色

台灣不大，居然有六個直轄市，共二十二個縣市。
不論在哪個位置，我最常問自己的問題，就是台灣需要多少個縣市？
每個縣市是否都有能力解決自己的問題？

我在台灣省政府服務過，在台北縣服務過，在中央兩部會公共工程委員會和內政部服務過。不論在地方或中央任職時，我所看到的狀況是，每個縣市政府的財政狀況都不好，以大部分縣市政府公務員的層級或是素質，是否可以做出好的政策也令人存疑。即使是直轄市，也需要很多政務官進行規劃和執行政策。

我常跟地方接觸，了解縣市政府的能力和侷限。

沒有能力執行二十六億元的大工程

莫拉克颱風重創台東縣太麻里溪。中央以特別預算撥付二十六億元的河川治理經費給台東縣政府，當時我在公共工程委員會任職，自然依法照撥。太麻里溪為縣管河川，由台東縣政府負責執行，但是水利課課長連課員只有四個人，課長連招標文件都寫不出來。

眼看經費使用即將超過期限，工程會下公文，大意是「再不把錢花掉，我就議處你」。但我們卻忘了，課長從來沒有辦過經費高達二十六億元的大工程，既沒能力也沒人力。

於是，我去台東縣拜訪縣長黃健庭，直接了當地告訴他，台東縣沒有能力處理這麼大的災害，建議他快請中央協助進行復建工程，協商到最後，是由水利署第八河川局介入，才完成太麻里溪整治工作。當時我甚至懷疑，即使第八河川局出面都可能無法完成。

時間回到一九九八年，當年台北汐止一連淹水三次，檢討認為基隆河通水能力不足是造成水患的最主要原因，政府因此編列基隆河治理特別預算。執行時，因為工程過於浩大，經濟部水利署要求全國十個河川局各自認養一段，規劃施工，才在有效時間內將預算執行完畢。

即使是解決基隆河水患，都要水利署傾全署之力，一局一段以「大隊接力」方式完成。而在莫拉克風災過後，嚴重受創的台東太麻里溪和屏東林邊溪，都是縣管河川，台東縣和屏東縣政府有能力面對規模這麼大的災難嗎？有辦法善後嗎？

類似現象不斷重演，反覆出現，也因此長期以來，我一直在思考，台灣到底需要多少個地方政府？現在每個地方政府都有能力解決自己的問題嗎？

人力流失，邊訓練邊打仗

在台北縣政府服務時，人力和財力上的缺乏更令我感受深刻。台北縣還沒有升格為直轄市前，公務員職等比在台北市政府和中央政府服務的同位階公務員還低，造成當時府內人事流動率相當高。一般人考上公務員後，若分發到台北縣政府，頂多服務兩年，或取得資格後就離開。

因為一水之隔的台北市政府和中央政府的磁吸力太強，造成台北縣政府一直在幫忙訓練公務人員，形同「邊訓練、邊打仗」。人事持續流動，經驗自然無法傳承，永遠只能辦小型工程和經常性工程。

台東縣政府的水利課也陷入同樣的困境。整個課只有四個人，當時還有一位課員是國立大學土木研究所碩士。我好奇地問他，是不是高考分發來的，他回答「是」。我可以大膽預言，再過兩年他一定會離開，地方政府留不住人，經驗根本無法傳承累積。

過去大型工程從統籌規劃到執行，都由省政府扛起責任，即使是縣管河川，預算和經費由省政府審核，九成以上工程也是省政府執行。但是凍省後，立即失去緩衝空間，縣市政府所屬局處必須站上執行第一線。

少了中間的省府，縣市局處立即遭遇的問題是，基層公務員為了寫招標文件而焦頭爛額，碰到技術瓶頸時也沒有人可以協助，中央部會又常抱持編列預算、給錢了事，甚至是「不執行就處罰你」的心態。

當地方無法執行時，只有靠顧問公司或工程廠商，所以招標文件多委由熟悉的廠商幫忙撰寫，很多弊端自然衍生出來，甚至掉入不肖廠商事先設好的陷阱中。

這些都是無法忽視的歷史因素。過去有省府伸援手，問題不會突顯出來，今天沒有省府了，每個地方政府都要直接面對中央，但中央不是執行單位，更未抱持協助心態。各縣市猶如「孤兒」，找不到拉拔他們長大的「媽媽」。

除了人力和能力不足，縣市受制於財政，更難端出自己的政策。我在台北縣政府時，發現縣庫只有四個字足以形容——阮囊羞澀，當時負債高達八、九百億元，很難提出任何新政策或新想法。想要做任何事情，都要跟中央申請經費，中央願意給才有錢做，否則一切都是空談。

直到後來晉升為準直轄市，舉債空間變大，公務員的位階也提升，人事才逐漸穩定，但財政狀況卻依舊沒有明顯改善，以至於縣政府提出三環三線的交通政策，仍須仰賴中央奧援，否則根本做不了。

組織改造等於兩列列車直衝對撞

這樣的問題遲遲未獲得適當重視和解決，行政院又啟動組織改造，同時進行縣市改制及六都升格，這就像兩列車直衝對撞。

除既有的台北市之外，台中縣市、台南縣市和高雄縣市合併，加上台北縣、桃園縣陸續升格，面積僅有三萬六千平方公里的台灣竟有六個直轄市，反觀面積廣達九百五十七萬平方公里的中國，卻僅有四個直轄市。

行政院喊出口號要「精簡人事」，擺在眼前的事實卻是組織改造後，雖然從三十七個部會精簡為二十九個部會機關，卻多出一堆高階文官；同樣地，改制後的六都，公務員不但沒有減少，還在持續膨脹中，邏輯上完全矛盾。

我在尚未進入行政院前，就曾提出預警。當時行政院邀請專家學者到院內開會，討論至今尚未完成改組的環境資源部，會議主席是時任副院長的陳冲。

在這場會議中，我提醒行政院，政府組織改造和地方改制猶如兩部車同時啟動。這兩部車都要面對同一個關鍵問題，中央政府的定位到底是政策單位，或是執行單位？

中央政府若是政策單位，就有政策單位的做法。以我最熟悉的水利體系為例，除了既有的台北市和高雄市，從新北市、桃園市到台中市、台南市，改制後都要從水利科（課）擴充為水利局，從原來不到二十人的規模，擴大到兩百人左右，且所需多是高階公務員。

然而，經濟部水利署編制內又有十個河川局，水利局所做的很多工作其實和直轄市的河川局部分重複。舉例來說，大甲溪、大安溪的水利相關工程，於法應該由台中市水利局負責，但因為市府沒有能力處理，順理成章由第三河川局扛起來。

但有必要既有台中市水利局，又有經濟部水利署第三河川局嗎？

這就是我所說的，中央政府的定位要先定義清楚。以大甲溪和大安溪治理來說，若確認由第三河川局進行工程發包施工，完工後交給台中市府管理，台中市水利局就是管理單位，頂多負責規劃高灘地人行步道等，人員也不需要擴充到兩百人。

但今天我們面臨的狀況，是經濟部水利署的人員並沒有減少，六都升格後還暴增近千名水利高階公務員，因為權責未釐清，導致平常爭預算，災害發生反而互推責任。

角色重複，造成無效治理

最明顯的例子是發生在二〇一四年八月，耗資十億元的台南港尾溝溪疏洪工程，完工二十天就崩塌。以我的了解，工程難度不高，應該可以由台南市水利局直接處理，卻是由水利署第六河川局發包施工。

全長三・六公里的人工開鑿渠道，竣工啟用時，台南市長賴清德還比擬為府城開通古運河，是項「水利建設的創舉」，但一場颱風後突然崩塌，垮了一百七十公尺，追究責任時，當然要第六河川局負起全責。

類似這樣的案例發生時，我們當然要好好檢視，市水利局和水利署河川局到底各自扮演什麼角色？兩者的角色和功能，有沒有重複？

若是角色重複，不僅功能疊床架屋，還會造成衝突。因為治水資源有限，站在市政府立場，對流域治理的觀念和水利署不同，優先順序也不同。一個認為要先治理曾文溪，一個認為當務之急應該從三爺宮溪開始，導致沒有必要的紛爭，這就是「無效治理」。

這其中不必然有是非對錯，而是同樣在做水利工程，卻有兩組人馬，形成雙頭馬車。原本只要一組人馬就可以做的工作，卻出現一組人馬在做，一組卻晾著的奇特現象。

事實上，水利署是水利單位，腦海裡想的都是要解決淹水問題，完全從工程手段思考。但縣市政府不會只著眼於工程手段，而是要從城市設計的高度，放大到區域計畫、都市計畫，這才是直轄市政府該有的格局。

行政院做了最壞的選擇

中央到底是執行單位，還是政策單位?從現在的組織制度回溯，行政院做了最壞的選擇。

從管理學角度，中央若是政策單位，就該把執行人力下放，將河川局直接交給縣市政府，不用另外成立水利局。中央管政策，地方負責執行，如此一來，水利人力不會膨脹浪費。

但我認為第二方案或許更合宜。以水利的觀點，中央既是政策單位也是執行單位，讓水利署維持既有的河川局編制，所有河川工程從設計、規劃和發包全都一手包，完工後再交給地方政府，縣市就可以省下多餘人力，做到真正的精簡。

但行政院卻偏偏選擇了第三方案，雙頭馬車齊頭並進，一邊進行組織改造，一邊讓地方擴充人力。因為現在是地方諸侯坐大，行政院不願意得罪縣市首長，沒有任何院長或部長敢站出來說，地方不應該成立水利局。

縣市首長則是各有盤算。雖然水利局可能只能處理小工程，重大工程仍需要中央代為設計施工，但不論如何，只要有編制，中央就會將經費和資源撥入縣市庫，否則連入庫的機會都沒有。反正等到大災難來時，縣市雙手一攤，就算了。

種種跡象都顯示，這根本不是有效治理。

直到現在，環境資源部還在討論中，六都的水利局卻已經陸續成立，多出一堆水利高階文官缺額。我有個學生很優秀，碩士班一年級就考上高考，他一輩子沒有任何工作經驗，憑幾門拿手學科成為國家中階文官，但他沒看過一樣工程，沒跑過一天工地，連圖都沒畫過一張。

今日的高普考制度，和科舉時代靠八股取才是一樣的道理，只要考試過關，就到政府部門當承辦人，之後順理成章，一路扶搖直上，但這些公務員根本沒有經過實務訓練，只能在「叢林」中自我訓練，甚至到工地就被廠商「吃掉」，落入陷阱或是同流合汙。

這意謂著，國家從頭到尾，沒有站在宏觀面看問題。為政者沒有訂出方向、做出規劃，而是任由所有事情同時發生。

若是把組織改造和六都改制分開談，聽起來好像言之有理，但行政院應該先定位清楚，等組織改造塵埃落定再談六都。如今因為抵擋不住政治壓力，只好讓兩件事情同時發生，猶如火車對撞，大家碰到政治問題就投降，專業也不見了。

造成的結果是改制為六都後，規模擴編增加一堆人，但城鄉差距的問題仍然存在，沒有任何配套解決，不在六都的縣市得不到關注，愈來愈邊緣化，也愈來愈弱勢。

其次是，行政院組織改造聽起來沒錯，但行政院好不容易刪除一些部會局處，甚至為了達成目標，削足適履，把不該刪的刪了，如新聞局、工程會，有些部會則是該刪卻不敢碰，如客委會等。

缺乏事前評估與事後診斷

猶如多頭馬車相互拉扯，卻沒有人做好適度控管，讓政府愈來愈沒有效益。表面上的數字非常漂亮，大家卻都心知肚明，因為中央和地方的帳，沒有放在一起算，只要兩相比對，就知道人事根本沒有精簡，整件事完全缺乏事前評估和事後診斷。

現在的行政院，就像是一部拼裝車，目標是把十部車拼成七部車，零件也大規模移轉，但這部車的引擎根本不適合那部車的車體，七拼八湊、隨便拼裝，這樣的車能上路嗎？跑得快嗎？

這就是迷思。我們到底要追求數字表現，或是追求實質表現？台灣民主走到今天，整個國家社會仍然在跟政治妥協，太多政治和太多民粹，讓多少人假「民意」之名，卻在做傷害國家的事情。

過去凍結省政府，同樣屈服在政治原因下，沒有經過適當評估，也沒有考慮後果，光說凍省能讓政府從三級制變成兩級制，會更有效率。然而，我們看到的是，大家熟悉的運作方式被打破了，基本功能也沒有繼續維持，台灣現在比過去更有效率嗎？我想結果應該是有目共睹。

凍省後，十六年過去了，有人檢討過利弊得失嗎？省府人事有刪減嗎？答案似乎都是「沒有」，省府仍然存在，只是虛級化。省議會成為省諮議會，養一堆人卻沒有工作做。這些公務員也很無辜，因為當初連政治評估或是對社會衝擊程度都沒有研究，政府說幹就幹，這情況跟現在六都合併升格一模一樣。

限縮規劃的格局

台灣這麼小的國家，從地方到中央分成這麼多層級，切割瑣碎，也限縮了規劃的格局。以北北基為例，基隆人口連四十萬人都不到，很難有自己的發展策略，而是應該要和新北市、台北市做整體規劃。但目前狀況是基隆規劃基隆，新北規劃新北，台北規劃台北，三縣市政府都有自己的政策目標，卻忽視市和市（縣）的介面，因而出現許多盲點。

在台北縣住了一輩子，我從小就有很深的感受。板橋到台北市很容易，卻不容易到同樣在台北縣的泰山。因為台北縣的路都是呈現輻射狀，條條大路通台北市。當時的縣政府只要做好兩件事情就可以贏得掌聲，早上讓人順利到台北上班、上學，下午在最短時間內讓民眾返家。如此一來，台北縣自然而然成為台北市的附庸。

我到台北縣擔任副縣長大約半年後，終於忍不住，把交通局、城鄉局找來開會。我告訴他們，台北縣要有「志氣」，就要打破現行輻射狀的道路設計，轉而設計成環狀，讓板橋容易到新莊，新莊容易到泰山，泰山容易到林口。

其次是建構城市基礎建設，發展每一地區的特色。除了交通採取環狀以方便鄉鎮區之間的串連，還要把基礎建設做出來，從綠地、美術館到每一個社區都有學校、餐廳、電影院等等，健全生活機能，以和台北市民享有相同的生活品質為目標，讓台北縣民感受到沒有必要也不需要到台北市。

如果學童每天可以省下至少兩小時的通勤時間，生活和學習品質都提高，就業機會也會隨之出現，台北縣民就會開始形塑對城市的認同。如此一來，台北縣不再是台北市的附庸，也可以舒緩台北市長期承受的壓力。

因為沒有大格局概念，以致於公共建設重複投資的現象司空見慣。當時縣長周錫瑋提出要在板橋火車站旁蓋國家歌劇院，但我不得不提醒他，中正紀念堂已經有國家戲劇院和國家音樂廳，距離板橋火車站開車不過五分鐘。站在台北縣立場，蓋國家歌劇院可以理解，不蓋，似乎永遠矮台北市一截，只能屈居當二等公民；但換個角度，站在國家立場，這就是浪費。

這樣的邏輯處處可見，台北縣和台北市很多公共建設是重複投資，但因沒有人做整體計畫，各自執行的結果就是你做、我也做，一窩蜂做類似的建設。

城市間更因為競爭效應，刻意壟斷資源。台北市在籌備花卉博覽會期間，我以台北縣副縣長的身分親自拜訪台北市長，希望他同意將花博部分場址移到台北縣，在花博結束後，縣府願意永續經營下去。

這提議的背後用意，在於國家既然投資兩百億元，協助台北市辦花博，應該趁機讓台北市和台北縣同時進行城市轉型。根據鄰近北京奧運、上海世博的經驗，都是延續相同的軌跡，活動結束，城市也跟著翻轉，形塑出新風貌。

但從事後的結果回頭看，我必須誠實地說，國家投資了兩百億元，不但台北市沒有完成轉型，台北縣也沒有獲益，只有留下一堆硬體場館，卻沒有想到後續龐大的維護經費，以及所需付出的代價有多大。

國家要有上位計畫

事實上，要有效治理國家，要先有上位計畫做為指導原則。中央政府要從國家的高度，設定各區域的戰略地位。以北北基來說，是面對國際都會的重要區域，包括香港、新加坡、上海和首爾等，因此成為台灣和國際競爭的重要窗口，應找出其在泛太平洋和兩岸之間所要扮演的角色和位置。

戰略地位設定清楚，才能做概念計畫，接下來才是都市計畫。而不是在缺乏綱要計畫做為指導原則之下，任由北北基各做各的，如此一來，將永遠達不到國際都市的規模和架勢。

中北部的桃竹苗，既有航空城，還有新竹科學園區，可以定位為科技城，並找出潛在的競爭夥伴，在競爭上取得優勢，而不是一昧複製台北。中彰投則是台灣離中國大陸最近的口岸，因此要先仔細研究中國大陸在沿海的政策，才能利用兩岸距離最短的優勢，找出未來可能的戰略地位進行規劃。

雲嘉南是台灣的重要糧倉，也是精緻農業區，要從這方向思考並發揮，發展當地特色產業，同時確保年輕人的就業機會和生活品質。政府更要製造機會，讓農人的收入，足以保證他們即使在農村也可以有很好的生活。

高高屏是台灣南進的窗口，有非常棒的港口，也有充滿夏威夷風情的海洋風景區墾丁，東部則是觀光休閒旅遊的不二選擇。

國家上位計畫定位清楚，各區域才可以依據定位營造特色，以及思考所需要的基礎建設，依序規劃後再交給縣市政府執行。

要有效治理國家，更需要有效率地劃分權與責。從中央和地方分權，到地方分責，讓每個縣市都能有規劃、執行和制定政策的能力，又能建立夥伴關係和跨縣市的對話機制。

「關西廣域連合」的啟示

二〇一三年，我以內政部長的身分拜訪大阪、神戶、京都和兵庫縣。至今讓我記憶深刻的是，當時去參觀的「關西廣域連合」。

日本自一九九五年阪神地震後痛定思痛，從防災開始發展，逐步走向聯盟。關西廣域連合以京都為核心，結合兵庫、滋賀、京都、奈良等二府五縣組成聯盟，結合地方政府扮演整合和協調的角色。縣市也各負重責，如京都領導觀光，兵庫縣負責防災等等。

這精神相當值得台灣學習。台灣因為分太多縣市，每個首長都是人民一票一票選出來，有各自的民意基礎，在種種因素考量下，首長之間要互相合作，很難，讓不是同一政黨的首長合作，更難。

台灣要認真思考，到底要多少縣市，在治理上才能做最有效的發揮，六都既然已經成形，讓六都成為領頭羊，將其他縣市納入帶動區域發展更形迫切，也因此跨縣市對話機制和建立夥伴關係，都必須再加強。

我在內政部時，即請民政司著手研究地方政府合併整合的可能性。以內政部修法中的國土計畫法和行政區劃法，希望能仿效「關西廣域連合」，鼓勵縣市政府先互相討論，和鄰近縣市建立兄弟關係，再根據地方制度法第七條，縣市自行提出整併，從虛擬的廣域聯盟，朝向實體行政單位的路慢慢走。

我認為最理想的區域劃分是北北基、桃竹苗、中彰投、雲嘉南、高高屏、東部宜花東，中央山脈為原住民住的自治區，以及離島，每個區域都等同於日據時代「州」的規模。在大區域的概念下，每個州的首長都有足夠人力、財源和預算，做自己的規劃和治理。

整併，翻轉基隆的未來

在整併過程中，更可以利用城市規劃，為地方帶來翻轉的可能。我們當初特別選擇基隆規劃示範，因為基隆人口不到三十八萬，距離台北車程不到三十分鐘，是台北的衛星都市，又仰賴基隆港發展，是最有可能被整併的城市。

基隆港是基隆的發展核心，過去貿易興盛，但隨著腹地太小，無法和其他港口競爭而快速沒落，沿著基隆河流域興建設置的貨櫃場如今荒蕪閒置，一大堆空地缺乏利用。

我們規劃沿著基隆河谷，利用既有空地，從台北汐止到基隆再延伸到土城，成為科技產業軸帶，利用現有的交通優勢，甚至會產生產業群聚效應。因為旁邊就有基隆港和台北港，空運則有松山機場和桃園機場，得天獨厚的交通條件，可望造就基隆港成為高科技產業軸帶物流出入主要門戶。

在此同時，基隆河流域流經汐止，沿岸的五堵、六堵、七堵周邊工業區倉儲使用土地利用度相當低，應優先透過都市計畫檢討，思考土地活化的多元再利用，增加土地使用效益和彈性，讓都市充滿更多可能性。

基隆還有個地理上的先天優勢，正好位居東北角國家風景區和北觀國家風景區間的樞紐位置，不遠又有陽明山國家公園，在短短的距離內擁有三個國家級風景的風景區。基隆若能善用這難得的天生麗質，有機會帶動北北基觀光旅遊風潮，國外遊輪從基隆港靠岸後，一天之內就可以遊遍三大風景區，品味台灣不同風情的自然美景。

然而，最關鍵的啟動因子仍在於基隆港、市合一。港市整合後，最明顯的效益在於基隆港發揮國際客運港功能，帶來觀光人潮，利用便捷的交通串連完整的旅遊路線，提供高品質的旅遊體驗。觀光帶來的效益，將成為促使基隆都市更新，以及都市再發展的契機，增加外來投資開發誘因。但若沒有完整的思考和規劃，以基礎建設增加投資開發誘因，將永遠充斥蓋房子、炒地皮的金錢遊戲，對整個都市的未來毫無助益。

從區域整併到都市規劃，要跨出這一步，有很多關卡需要突破。最大的障礙是，民選的首長猶如諸侯坐大，挾民意自重，沒有人敢提議北北基合併，因為如此一來立即有兩位首長沒了工作，現在只有靠民眾覺醒，認知這是非做不可，而且必須一步到位。

但有了民氣，政治上的操作卻要非常細膩，因為有非常多微妙的心理因素，會牽動政治上的敏感神經。如大家都認為北北基、桃竹苗，理所當然，但我曾經到桃園談這概念，桃園的反應是寧願當北北基桃，也不願意和竹苗掛在一起。

依據地方制度法第七條，縣市合併的要件是雙方議會都同意，兩地方政府共同寫計畫送內政部，內政部審議通過就可以合併，顯然法源早已具備，剩下來的問題是要如何讓大家都感受到，合併對地方甚至國家，都是有利的，且沒有一個地方會被邊緣化，這些種種都不能被忽視。

09

翻轉城市要靠公民參與

一百場對話造就中港大排美景

我下定決心，整治新莊中港大排不能再走傳統政府發包施工，然後居民抗爭的模式，而要伸出手，邀請在地公民、社區規劃師、耆老藝術家一起來「跨領域對話」。

城市翻轉，在台灣幾乎已成為縣市行銷的代名詞。所謂的「翻轉」，除了是改造的過程，同時也意味著有人犧牲、有人得利，但誰該犧牲？誰又願意犧牲？該如何補償受害者？這一直是現代城市治理中的難題。

都市更新理論上是對的，讓破敗的老舊社區，藉由都市更新的手段，重現新風貌、新氣象。但這絕不是建立SOP（標準作業程序）就能成功，因為都市更新要更新的不是老房子，而是處理人的問題。這中間有太多的利益相關者必須面對，從社區、住戶、建商到政府，不同環節層層相扣。

說穿了，每一次的城市翻轉，關鍵不在硬體，而是在軟體，也就是在人。但政府（不論是中央或縣市）面對民眾時，往往從一開始就沒有從這個最重要的角色切入，反而將政府最需要的合作夥伴推向了對立面，成為施政過程中的阻撓力量。

水溝只能是臭的嗎？

看到一些原本立意良好的政策屢屢受挫，令我有很深的感觸。回過頭看看過去走過的軌跡，我認為我在台北縣服務期間所推動的中港大排整治，之所以能獲致今天的成果，若說有任何秘訣，或許正是全面擴大公民參與。

任何人只要經過新莊中港大排，會發現它不只是一個公園、一條運河，而是有很多藝文活動，就在水岸之間流動。這水岸是活的，有活動、有生命，不只是一幅靜止的「掛圖」。新莊住民每個人都可以在其中找到屬於自己的空間。

看到今日的美景，很多人卻渾然不知，幾年前這還是條長達二．三公里的排水溝。北新莊的住戶每天日常生活所排出的汙水，進入附近的水溝後，全都流入中港大排，因為排水斷面不夠大，一旦阻塞就成為一灘死水，也因此終年又髒又容易淹水。二十多年來大家習以為常，因為在台灣人的觀念中，水溝本來就是臭的。

但我們說臭水溝、臭水溝，水溝就該是臭的嗎？過去，我從台北市要回泰山老家時常經過中港大排，當時我就在想要如何讓這地方改觀，並憑著我的水利專業，開始構思工程腹案。

沒想到，機會真的來了。我到台北縣擔任副縣長的第一個星期，請來包括水利局、環保局、城鄉局、交通局和衛生局等五位局長一起開會，明白告訴他們，我希望四年內把這條臭水溝變成一條乾淨運河。除了跟局長們分享願景之

新莊中港大排水岸是活的，有活動、有生命，不只是一幅靜止的「掛圖」，每個住民都可以在其中找到屬於自己的空間。

外，我特別提出要利用這案子做試驗，改變傳統決策方式。

所謂傳統決策方式即從上而下，政府找學者專家定出方案，交給設計公司，設計公司畫圖之後，再交給建築包商，包商找來一群工人，怪手一動就開始施工，抗爭也隨之而來。大家可以想像得到，只要是抗爭力道夠強，工程即被迫停擺，少則一、二年，多則無限期停下去，這已經是工程界說不出口的痛。

但我下定決心，這次要和過去不一樣，雖然同樣是台北縣政府規劃大方向，但所有決策要由下而上，「做到真正的公民參與。」我當場告訴五位局長。

因為整個計畫跨越好幾個局處，我成立「縣政規劃小組」，並在台大城鄉所教授夏鑄九的推薦下，從台北市政府找來梁世興先生擔任縣政規劃小組召集人。

在了解我希望推動改變的構想後，他們設計超過一百場公聽會，和民眾直接面對面溝通。但公聽會只是形式，重要的是讓民眾站在相同立基點展開對話，中間扮演橋梁的非「社區規劃師」莫屬。

因為一般人對都市計畫、城鄉規劃，以及治水和水處理等名詞都很陌生，何況還要讓不同教育程度、專業訓練，乃至於從事不同行業的人，可以針對同一個議題進行討論，這時候即需要社區規劃師從中穿針引線，搭起溝通平台。

你們來告訴我怎麼做

在過程中，每個人的想法一定都很發散，所以我們要將民眾引導到同一個方向，讓討論議題慢慢聚焦。我開始思考要從哪裡著手，當時我所能想到的是中港大排周遭的六所小學，我們稱為「幸福六小學」，因為校長、老師都是知識份子，和家長也都建立良好關係，或許可以透過他們成為改變社區的媒介。

於是我們開始辦公聽會。我要求縣政規劃小組，每次開會要全程錄影，做完整的影像紀錄。

第一次會議，邀請的對象是當地里長以及社區意見領袖。我一開口就告訴他們，我們計畫整治中港大排，要把這條加蓋的臭水溝打掉，「你們住在這裡，我不住在這裡，你最好比我還關心，有意見請直接表達，」我說。

望著在場沈默的參與者，我繼續說，這是屬於新莊市民的計畫，而不是台北縣政府的計畫，因為站在縣政府的立場可做可不做，「要不要做，由你們來決定，要做，你們來告訴我怎麼做。」

這時候，台下還是一片寂靜，沒有太大反應。「打掉這條加蓋臭水溝後，很抱歉，這裡會少掉四百個停車位，」我的話語才剛落，現場立即一片譁然，全場一片反對聲浪，人人都堅持車子要停在家門口。

我試圖動之以理，告訴他們未來新莊捷運通車後，根本不用開車，此外再過三十六年全世界的石油也會用完，但他們根本不聽，還有人嗆聲：「不用說了，我就是要把車停在家門口。」

為了安撫大家的反彈情緒，我請交通局在附近幫忙找出四百個停車位，拜託他們多走五分鐘的路程，整個計畫才得以繼續進行。這中間就花掉兩個月的時間。

在此同時，我持續和六所小學溝通。先跟校長、老師和家長會面對面，談永續發展、談環境意識，並帶領他們去宜蘭天送埤濕地參訪，也引進荒野保護協會以及社區大學的力量，和他們共同合作，為扎根而努力。

去地藏庵聽老人說故事

除了傾聽在地聲音、灌輸環境意識，我們還去新莊地藏庵聽耆老說故事。我在歷次的演講中談到這一段，很多人問我，為何要去找老先生、老太太聊天？他們能給我什麼？

事實上，他們給我的是一般建築師無法給我的資訊，就是他們記憶中約六、七十年前的中港大排。這些在書面資料上付諸闕如，由這群老人來補足缺口，對建築師在意象規劃上，具有相當啟發。

他們告訴我，那附近以前稱為中港里，中港大排雖然是「大排」，卻有船隻航行，沿著河可以通往大漢溪、淡水河。聽完之後，我這個在新莊出入多年的半在地人，才知道中港里名稱的歷史沿革，原來真的是有船、也有港。

我也去拜訪文史工作者，試圖了解新莊的原來面貌，慢慢地知道新莊的傳統技藝中最有名的是鼓，而製鼓廠又以「响仁和鼓藝工坊」最知名：以泉州木偶搬演，北管音樂為後場伴奏的「小西園掌中劇團」，則是目前台灣最具號召力的古典精緻布袋戲團，這些都是新莊的文化瑰寶。

當時我們和文史工作者談、和廟宇耆老談，了解到要設計公共藝術，這些都是不可或缺的元素。我們也趁這機會，邀請對方一起參與合作，希望能凝聚新莊社區意識，大家朝著共同的目標前進。

沒多久，建築師給了我第一版的設計圖，我看一眼，上面是個大大的荷蘭風車圖，我連翻都還沒翻開，就退了回去。我說，風車屬於荷蘭人，和新莊人沒有關係。

他問我，那他要畫什麼？

「你要去問新莊人，不是問我，」我告訴他。但我仍給了他線索，例如鼓和布袋戲，雙方才慢慢聚焦，有了更為具體的意象。

我們不僅要融入在地元素，也要對外發聲。整個中港大排上有十座混凝土橋，當初興建時只強調功能，而忽略美感。但橋一定是這樣嗎？我當時有個構想，何不比照塞納河，讓沿路經過的每座橋，從橋墩到橋上建築物都各不相同，也塑造出城市不同的風格。

於是我們決定，向全國設有建築系的大專院校公開徵圖，邀請學生一起參與。從過程中不但可以看到學生無窮的想像力，引起建築界的關注，同時日後也是建築師規劃時的參考依據。

資訊全面上網對外公開

我不僅開放，邀請所有公民參與中港大排整治計畫，同時試圖改變公務員僵化的思維。

身為計畫經理人，我固定要和縣府內十幾個局長開會，包括交通局、水利局、環保局等，局和局之間有許多介面無法銜接，需要靠這個會協調整合。因此，我一開始就告訴局處長，你們和我不熟，但我開會有幾個原則，不准講廢話，帶問題來，我幫你解決。其次是，以王建民每場球賽最多只能投一百球，我開會也限定兩小時，而且一定要有結論，不能重複老問題、老話題。

為了推動工作，開會必須要更有效率，各局處間逐漸養成習慣，在開會前先進行溝通，介面之間無法解決，有矛盾或無法達成共識之處，再進入會議商議裁決。這對當時的台北縣政府公務員是相當新奇的經驗，但也帶動一股新風氣。

接下來，我更要求整個計畫要擴大參與，建立資訊溝通平台。我要求水利局做一件當時全中華民國以及縣市政府都還沒做過的事情，建置「夢幻之河網站」（dreamriver.org.tw），將所有資料上網，對外全部公開。

這也是我們和民眾之間的溝通平台，因為即使縣政規劃小組規劃了一百場公聽會，還是有許多漏網之魚，並非所有市民都能接收到相同訊息，所以我要求水利局，除了工程細節、進度規劃、每場會議的會議紀錄需齊備之外，只要有人上網問問題，都必須在七天內答覆，方便民眾獲得最新消息。

這或許是全中華民國唯一用網路操作的施政計畫。現在回想，當時在縣議會備詢時，常有議員問我中港大排的計畫進度，我只有回答，請議員上網看，所有資訊都公開，沒有任何隱藏。

因為我們伸出手，邀請公民參與，從計畫成形到執行，都和民眾站在一起，因此即使中間需要拆掉十座橋，造成人車通行不便，也從沒有傳出抗爭，因為當地人充分了解，更清楚這段交通黑暗期結束後，會帶來什麼樣的美好願景。

到現在，即使工程已經完工多年，我仍持續關心。去年，我好奇地問當地居民和工作夥伴，工程都已經完工了，大家現在在忙什麼？我得到了一個意想不到的答案，因為想要給孩子一條安全騎車上學的路，所以他們正在討論，拒絕外車進入中港大排附近社區的可行性。

這些話聽在耳裡，我心中有一絲絲的驕傲。這些夥伴從一開始斤斤計較，堅持車子要停在家門口，今天卻完全改觀，他們開始有了社區共同意識。

工程完工了，人也成長了，不論是當地居民、文史團體或是縣政府公務員，他們改變了過去的觀念、行為模式，有了新的認同，建立新的關係。

從學校改變社區

六所幸福小學如今也完全不同。二〇〇六年，我曾到六所小學之一的思賢國小演講。記得那是個夏日午後，原本應該是蟬鳴鳥叫、涼風徐徐，結果卻完全相反，熱浪凝結在空中，每個人都心浮氣躁。仔細觀察，會發現校園內全都是混凝土鋪面，難怪熱氣無法消散。

我把六所學校的校長找來，告訴他們，我給每校一千萬元，請他們把圍牆拆掉，規劃出符合規範的綠建築，同時派人協助校園綠美化，讓池塘變成濕地。但校長都說圍牆一拆掉，擔心老師和家長會反彈，怕壞人趁機侵入，校園安全亮紅燈。

我跟他們溝通，學校的圍牆普遍低矮，基本上形同虛設，只能防君子不防小人，但圍牆一拆掉，學校和社區的距離就沒有了，自然而然融入社區之中。

過兩年，我再度到思賢國小，整個學校猶如刷上亮麗繽紛的色彩，人人心平氣和，臉上始終帶著微笑。因為原來鋪上混凝土的地方，充滿綠色植物，有

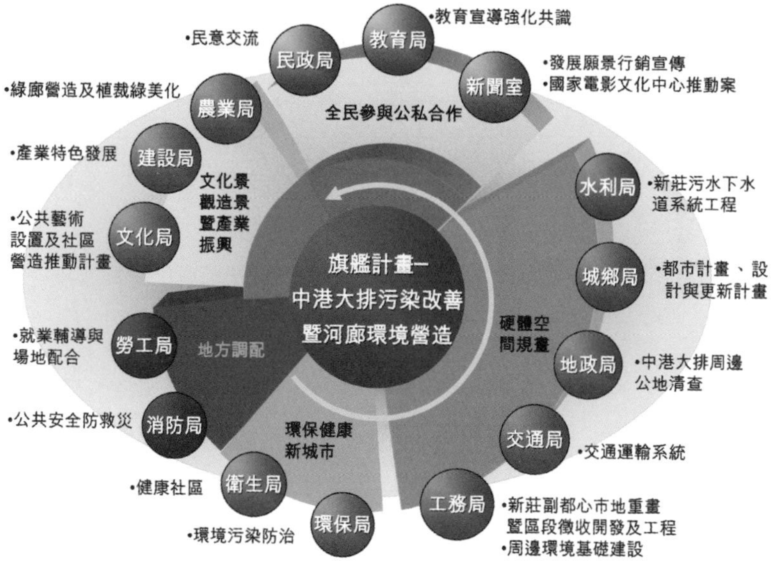

透過跨領域對話，工程完工了，當地居民、文史團體或是縣政府公務員也們改變過去的觀念與行為模式，有了新的認同，建立新的關係。

花、有草，還有蝴蝶和小鳥跳躍其中，連空氣中的味道都不同了。拆掉圍牆已成為學校的基本共識，文化在不知不覺中逐漸成形。

在我看來，中港大排不僅止是排水整治工程，而是改變城市的引擎。我利用工程改變學校，再從學校改變社區，新莊也跟著翻轉。

我們不僅營造出水岸環境，所推動的永續教育和環境教育更深植在校園內，成為每所學校的DNA，學生的環境意識提升，連家長都跟著改變，在學校課堂外，還會積極參與和環境有關的活動。

更進一步，我們也改變台北縣政府的行政文化。在此之後的縣政府，遭遇任何問題，第一時間局處長之間會坐下來談，其次是跟居民談、跟利害相關者談，了解人民的想法，這就是「跨領域對話」。「夥伴關係」也在無形中建立，包括縣府局處、台北縣府和新莊市公所、政府和民眾間。

當任何重大決策開放民眾參與，並展開跨領域對話，夥伴政府自然有機會肩並肩往前走，而能有實質的進展。

新莊中港大排VS首爾清溪川

中港大排在過程中逐漸從醜小鴨，蛻變成為美麗天鵝，為新莊的歷史翻開嶄新的一頁。很多人看到中港大排全新的面貌更是為之讚嘆，有人以台北縣政府複製韓國首爾清溪川來形容，並稱呼這是新莊的「清溪川」，但我跑遍世界許多國家，唯獨未去過韓國，對清溪川更是毫無所悉。

這樣的說法，觸動我著手研究清溪川。我必須說，從兩邊的工法看來，我們的做法更為永續，因為韓國採用的方法是設置抽水站，將漢江水抽到清溪川讓水活化，但中港大排卻是以廢水回收再利用，連維護費用都比清溪川還要低。

令我印象深刻的是，有一次荷蘭台夫特理工大學建築學院院長Rosemann教授來看我，問我在忙什麼，我簡單告訴他有關中港大排的概念，他邊聽邊瞪大眼睛問我，「你知不知道這是歐洲建築界最新的觀念？」

他接著說，他很欣慰這樣嶄新的觀念能在台灣實踐，但他也很傷心，居然是一個完全沒有受過都市規劃訓練的水利工程師所做出來。

過了六年，我才有機會將夥伴政府模式，複製到其他縣市。二○一二年，我轉往內政部服務，以台北縣中港大排整治計畫為例，鼓勵各縣市政府勇敢提案，規劃經費由我們來協助。

第一個成功的案例是桃園中壢的老街溪。老街溪的棘手處在於，整條溪就像條加蓋的排水溝，市場就蓋在排水溝上。這正是因為城市未經適當規劃，在發展過程中變得漫無章法、不斷蔓延所致。理論上，縣政府早就應該動用公權力逕行拆除，但因影響範圍太大，不管任何人當家，都免不了投鼠忌器，大家都動不了。

當時的桃園縣水利局長李戎威，是我在台大的學生，我在台北縣政府時，他也是水利局局長。他不但全力推動中港大排整治計畫，更曾經為了整治大漢溪，強力拆除三十座違規砂石場，局長還因此得罪黑道，收到子彈。

他的表現，我全看在眼裡，離開台北縣後，推薦他到桃園縣擔任水利局長，全力發揮他的長才。沒想到峰迴路轉，過了幾年，在公務上我們又再度碰面。

李戎威二話不說，把中壢多年的沈痾，搭建在老街溪上的違章市場一舉拆除。水溝蓋打開了，猶如揭開灰姑娘的神秘面紗，中壢人才恍然大悟，老街溪不但不是死水，還充滿生命力。縣府更在兩年的時間內，打造出和過去截然不同的水岸美景。

事實上，我也不斷提醒桃園縣，不要忘了公民參與。縣政府應該把改造老街溪做為翻轉中壢的關鍵，鼓勵民眾參與並積極表達意見，不但能藉機喚醒他們的環境意識，更有機會針對老街溪兩旁老舊社區進行更新再造。

第二個成功案例是屏東縣萬年溪。曹啟鴻縣長對環境一向關切，加上屏東的環境團體和文史工作者的行動力超強，當縣府提出計畫後，很快就把覆蓋在萬年溪上的水溝蓋全拆掉，水質也逐漸改善。

屏東縣政府還別出心裁，發動縣府局處長和議會議員，每人認養十公尺水體負責維護，讓這些公僕在實際維護時，對萬年溪產生認同感以及成就感，達到另外一種形式的公民參與。

回想那些年在中港大排所做的努力，所花的每一分、每一秒，如今看來都很值得。

這一切代表著，當從中央到各縣市都在大談翻轉城市時，或許要先翻轉的，應該是政府的腦袋。邀請公民參與，進行跨領域對話，建立夥伴政府關係，自然就會和人民站在同一陣線。

10

災難管理學

高雄氣爆的啟示

台灣的「災難管理」只能以一蹋糊塗來形容。全世界沒有一個國家會把防災分散到各部會。台灣沒有視防災為專業，中央也沒有專責單位，氣爆造成的慘劇是必然的苦果。

夜空中傳出轟然巨響，從地底下竄出熊熊火焰，瞬間吞噬原本還生龍活虎奔馳的汽機車，馬路塌陷、周邊房舍傾頹，整個城市儼然全都陷入火海中。

二〇一四年，八月一日。滴滴答答走的時針，才剛剛走過十二，堪稱國內六十年來最大規模的公共安全災難——高雄大氣爆隨即爆發，震醒沉睡中的台灣。

過沒幾天，我接到高雄市長陳菊的電話。因為救災還未結束，高雄又陷入另一場災難。連日的暴雨，讓才剛經過火噬的煉獄般災區，又慘遭洪水淹沒，凱旋路頓時成為「凱旋河」。

電話那頭的花媽說：「現在沒有人可以幫忙，請你務必來幫我看看。」這原本是行政系統就可以解決的事情，但既然花媽開口，我一口允諾。

八月十一日，我啟程南下。在疾馳的高鐵列車上，巧遇振興醫院院長，也是心臟外科名醫魏錚。「我們兩人是同行，」我對他說，因為醫生無法選擇病人，我們專業工程師也無法選擇對象，只要我的專業對人民有益，都應該義不容辭，捲起衣袖幫忙。

雖然我是國民黨員，也曾在國民黨政府內任職，但在我心中，一旦人民有難，就沒有藍政府、綠政府的差別，對我來說都是「中華民國政府」，這是工程師最基本的態度。

在這樣的前提下，我們和醫生當然是同行。

回憶起那天，進入仍在驚懼中的氣爆災區，厚重雲層中射出難得的陽光。從一心路和凱旋路口，到三多路和凱旋路口，每一處所看到都是幾十台每秒可以抽六．六八立方米的中大型抽水機，加足馬力在抽水，但不論如何努力，因為排水箱涵在氣爆中被炸毀殆盡，而汙水下水道的容納量又不夠大，抽出來的水根本無處宣洩。

高雄市政府急於在三個月內，趕工將箱涵復原。但我直言，根本不可能，只能另尋替代方案。

我給高雄的建議是，三多路的水路貫穿就可以恢復七〇%的排水功能，另外是跟國防部研商借地，在上游的衛武營建置面積約十公頃的滯洪池，蓄積鳳山地區的水，不要任由雨水直接傾瀉到位居下游處的災區，以舒緩淹水壓力。

身為水利工程師，我很清楚，汛期施工是水利界最大的挑戰。當時不但還是颱風季，更要先把積水導往其他地方才有可能施工，但水能疏導到哪裡去？

最有可能的做法是等到颱風季結束，十一月發包，隔年四月完工，以因應明年颱風季的挑戰。

在和市府相關單位的互動過程中，我認為他們對工程的掌握沒問題，技術也非常成熟，但問題並不在這些工程單位。

事實上，氣爆對不論是高雄市或是中央，都是全然陌生的災害。因為陌生，自然沒有因應腳本，事發之後，整體政治氛圍將救災節奏完全打亂，從地方到中央大家開始相互叫罵究責，彼此丟泥巴，將責任往外推，反而將專業模糊掉。工程師即使本身專業再好，也很難解決專業以外的政治問題。

我們有學到教訓嗎？

從高雄氣爆這麼大的劫難發生至今，我不禁要問，台灣有學到教訓嗎？萬一在其他地方再度發生我們不熟悉的災害，請問我們準備好了嗎？

重新檢視這一切，回到高雄氣爆發生前的那一天。七月三十一日晚上八時許，災區現場即傳出陣陣類似瓦斯味，直到三個多小時後才確認肇禍的氣體是丙烯，但在這三個多小時中沒有人進行適當疏散撤離，一般民眾也沒有警覺意識，消防隊即使到現場，也沒有專業支持，最終造成不必要的慘重傷亡。這一切，顯示大家對工業和化學災害都很陌生。

即使是中央部會，主管化學災害的官署是對石化工業熟悉的經濟部，但從發生災害當下到兩週後，不論是台北或高雄的指揮中心，都對訊息掌控不足，高雄地底下有多少條石化管線、管線是誰的，都搞不清楚。顯然平常的基本資料蒐集，以及預防機制都未建立。

行政院災防辦公室的作用，應是在災害發生時，告知高雄市政府該如何面對，同時運用防災專業，做為當時指揮官經濟部長張家祝的後盾，訂出計畫進行危機處理。但所有功能顯然沒有發揮，看似給了指揮官權力，卻沒有資源和設備，有責任卻沒有實權，根本是權責不符。

所謂的防災指揮中心，更應該發揮全方位的功能。除了避免災害發生、在災害發生時進行緊急搶救，還有災害後復建。

我在氣爆後第二天，就曾經提醒高雄要避免淹水。因為事件一發生，除救災外，周邊部門更要全面啟動，如具有專業背景的水利部門，必須警覺到下水道系統全在爆炸中毀損，事先做好臨時滯洪池和抽水站等防護措施，以避免暴雨來臨，災害規模更形擴大。

但在事發後，我們只看到中央和地方吵成一團，全部的人都投入救災或究責，高雄和台北的指揮中心意見分歧。這都是因為我們對這種災害陌生，對指揮官的專業支持也不夠。

台灣缺乏災難管理學

從種種跡象看來，台灣的災難管理，只可以用四個字「一場糊塗」來形容。以組織來說，全世界沒有一個國家會把防災分散到各部會，如颱風、地震屬內政部，淹水及工業災害屬經濟部，伊波拉疫情是衛福部，毒化物災害是環保署，長隧道爆炸是交通部等等。

隨著社會發展、氣候變遷，勢必不斷出現新型態災害，且是複合式災害，在處理上必須好幾個部會共同面對。

什麼是複合式災害？以高雄氣爆來說，在中央的權責分工上，一開始因為事涉石化管線，可能是經濟部工業局主責，但隨著暴雨來襲，經濟部水利署必須加入，慢慢衍生出城市重建、災民安置和心理復建、傳染病防治和社會救濟等種種問題，包括內政部營建署、衛福部疾管署和社福單位，都必須在短時間內形成一個強而有力的救災體系。

面對今日的複合式災害，已經無法仰賴特定部會的專業。事實上，即使經濟部工業局對高雄地底下所埋設石化管線很清楚，連輸送的原物料都有所掌握，但他們對發生災害後的危機處理和應變，仍是一片空白，完全沒有災害處理的標準程序概念，因為這已經脫離他既有的專業。

災害發生當下，消防隊立即衝到第一線救災，但他們平常有沒有針對不同災害進行訓練？有沒有相關設備？有沒有相對應的救災知識？氣爆浩劫造成三十二人死亡，三百零八人輕重傷，其中不少人都是消防隊員，就是活生生的案例。因為他們一路衝到現場，但一來不知道是什麼外漏，第二沒有標準程序進行人員疏散，第三氣爆發生當時，根本沒有人知道到底要如何搶救。

我們都希望災害不要發生，但若災害無可避免，就要做好災害管理。在尚未發生前要做監測，發生時要應變和救災，發生後要救難，還要有人思考災民安置，除了生命安全之外，還要想到柴米油鹽，因為民眾要生活，攤販無法做生意、又有房屋貸款要付，小孩每天要上學，這些都要同步處置。

所有種種，都需要防災專業。更遑論最基本的建築物安全檢測、毀損勘驗等等，有太多細節，我們都以為理所當然，就像颱風後農作物受損，只要有人查看，蒐集證據後，政府就會賠償，但不要忘了，建築房舍不是農作物，還有人住在裡面或是等著要盡快回家，絕不能當作一般公務行政程序，一關一關慢慢來。

因為台灣沒有視防災為專業，中央也沒有專責單位，氣爆造成的慘劇幾乎是必然的結果。只要遇到不熟悉的災害，就會有始料未及的「驚奇」，不能一昧苛責經濟部，或是歸咎高雄市政府。

雪隧起火，救災或送死

我在幾年前就看到盲點所在。在台北縣服務時，二〇〇六年正逢雪山隧道通車，但全國只有八人曾去歐洲受過訓，現在恐怕都已經退休。我和省府時代的消防署長趙鋼討論，雪隧內發生災害時，雪山分隊到底有沒有能力救災？結論是「不可能」。

因為長隧道救災是專業，簡單來說，小客車和遊覽車燒起來各有不同的應變方式，尤其是遊覽車拋錨起火，整個隧道就根煙囪一樣，任何人都無法靠近。

於是我召開會議，將交通部高速公路局請來。我告訴他們，若要雪山分隊承擔救雪隧的任務，必須要有裝備和訓練，費用約兩億元。否則雪隧若發生重大火警，我一個人都不派進去。因為光靠既有設備，連小客車起火都救不了，何況是遊覽車，硬要派人進入，無異是要消防人員去送死。

同樣的狀況可能發生在正興建中的蘇花替代公路。蘇花替在花蓮路段經過一堆長隧道，萬一遭遇任何災難，該怎麼救？誰去救？當花蓮人以為有條安全回家的路，這條路真的安全嗎？我心中有著極大的問號。

第二個例子是我在擔任工程會主委時，正好有次台塑六輕爆炸。台塑雖然有自己的消防分隊，但他們的能力只能處理一座油槽的爆炸，以六輕廠內具有三十八座石化槽，只要有五座同時間爆炸，那雲林縣政府要不要派消防隊進入？於法，必須進去救災，但隊員的裝備和訓練都不足，進去簡直是在冒險。

我到內政部時，同時掌管消防署，曾經想過將雲林縣和高雄市消防隊，打造成打擊化工災害的主力部隊，給他們專業的裝備和訓練。但錢從哪裡來？而工業災害也不是內政部的主管範疇，最後只能不了了之。

成立防災總署是當務之急

今天我最擔心的是地震。因為地震一旦發生，會引發所有不同災害。前面提過，國家地震中心經過科學計算，確認一旦發生規模六・二的地震，大台北就會倒掉四千多戶房子，屆時除了房屋倒塌，還可能引發瓦斯氣爆，很多老舊社區，消防車根本進不去，馬路甚至可能全封了。

以台灣現在的防救災能量和專業性，根本無法應付，這也是我為何在接獲訊息後，半年內立即推出防災型都更計畫的主要原因。

面對更複雜的複合式災害，台灣該做的是成立防災總署。但行政院考量組織改造要盡量避免擴編，僅增設編制二十人的災防辦，並將消防署改名為災害防救暨消防署，名字改了，功能卻沒有改變，員額也沒有增加。

即使重新進行任務編組，調動兩科負責防災，其中卻有太多盲點。除了專業性不足，對愈來愈趨多元的災害陌生之外，受限位階太低，必要時根本無法指揮調度相關部會，如經濟部、交通部等。這樣的防救災編制及思維，無異是在錯誤的方向拚命找答案。猶如一個人開車要到台北，卻不斷往南走，永遠無法到達目的地。

反觀台灣最熟悉的災害颱風，從二〇〇九年八月的莫拉克颱風造成七百多人死亡，此後因颱風而傷亡的人數，迅速下降到個位數，就是因為我們以長達三年的時間，建立一個專業防災體系。

我接掌內政部後，和國科會密切合作，在兩年內針對台灣所有區村里，做出七千八百三十五張防災地圖，並媒合各縣市政府和當地大學，從縣市首長、官員乃至於村里長，從國軍到消防隊都進行防災訓練。

我對消防署的要求是，凡遭遇颱風天，不論是土石流或水災，在援助或資源未及時到來前，每一個村里都要有能力自救長達七天。

建立國家颱風應變系統

除了不斷地演練，身為指揮官，我也要求在每次颱風警報發布前，先進行預防性撤離。通常一撤就達上萬人，除了住在危險地區的居民之外，還請警政署撤離三、四千個登山客，並事先言明，如果不下山，萬一發生任何意外，我們不冒險去救，「要罵可以罵我，一切由我指揮官負責，」我告訴他們。

現在我可以自信地說，台灣防颱非常有節奏。一來因為我在省府任職時，曾被派去美國防災總署（FEMA）受過訓練，充分了解防災總署的組織和運作方式。二來內政部是颱風災害的主管官署，我把專業和職權充分結合，套疊出七千八百三十五張淹水潛勢防災地圖，並建立一套完整的防救災系統。

我做的是國家颱風應變系統，建立災害管理系統的標準化程序。但我很清楚，即使這樣仍有所不足。

因為我們居住的這塊土地，其實並不安全。即使對於最常遭遇的颱風災害，縣市政府層級現在所能做到，不過是假設一切都是常態的前提下進行，但現在的颱風，常常不在我們當初假設的狀況內，無法套用標準作業程序，此時就要看指揮官和支持系統有沒有足夠的專業知識。

這也就是說，照標準做是七十五分，但萬一災害類型和範疇不在標準作業程序中，才是真正挑戰的開始。

遺憾的是，今天除了颱風之外，我們對任何災害都無法掌握，因為缺乏強而有力的指揮體系，有時過於輕忽，有時反而謹慎過了頭，對小災害猶如大砲打小鳥，一旦遭遇中型災害，更是亂了分寸。

美日視防災等同國防

然而，美國和日本等先進國家早把防災和國防擺在相同位階，因為在冷戰結束後，打仗的機會愈來愈小，但更大的敵人——災害發生的機率卻很大。

以美國來說，原本在小布希時代將防災總署納入國土安全部，但在卡翠納颶風重創美國中西部後，又重新獨立出來，將災害管理擴大成為全方位災害管理，所以單位編組非常細緻，採取防護型國家準備任務支援。

美國防災總署將美國分為十區，採取一條鞭，除中央之外，每個分區都有分支單位，各州都有對口單位，完全聽命國家事故管理系統指揮，整合學理概念、專業語言、組織，將所有災害管理系統標準化。同時扮演州政府、地方政府和聯邦政府、民間團體與企業的中介，在必要時串連所有資源。

一九九五年發生在奧克拉荷馬市聯邦大樓爆炸案，聯邦政府視同作戰，馬上成立野戰醫院，調派醫師從最緊急的外科，三天後緊接是內科以及心理醫師等等，光醫療上就需要強大的後援力。

同時啟動事故現場支援團隊，到事故現場協助，執行事故管理、連絡、搜救等等任務。指揮系統和州及地方的關係清楚，即使發生災害，需要大量約聘人員因應公務人力需求，聘任制度一應俱全，連任務和薪資都有嚴謹規範。

此外，美國防災總署不只是戰鬥單位，還有很強的科學做支撐。美國防災總署的資料庫內，備有美國國內所有重要大樓的建築藍圖檔案，任何一棟建築爆炸或起火，消防隊獲報後，只要從資料庫調出圖檔，研判起火點以及當天風向，視救災需要帶齊裝備，從預定的位置攻上去，一秒鐘都不會浪費。

這一整套的災害指揮系統，強調的是不同部會之間的整合，且在災害發生後，要能有效、迅速提供外界正確資訊，對外統一發言，不要讓謠言不斷散布。因為任何災難若未及時控管，演變到後來，媒體災害可能比災難本身的影響還要大；任由散播太多似是而非訊息，不但造成民眾和指揮官困擾，也讓救災節奏全亂掉。

日本沒有防災總署，但有「災害對策基本法」，並把原來的防災局提升到內閣府，指派一位專家部長擔任防災擔當大臣，位階等同台灣的行政院秘書長。在他手中有權、有兵、有將，直接指揮轄下約一百七十人，還有很強的行政支持系統做為後盾，幫他制定因應各式各樣災害的計畫和策略，包括自然災害和事故災害應變。

日本尤其注重維生管線資訊的建立，包括水管、電力和瓦斯管等等。因為日本位處地震帶，清楚一旦地震極有可能引發氣爆，所以日本埋設共同管道，所有管線的位置和走向，以及由哪些單位負責，全部一清二楚。災害發生時除有自動斷電、斷氣系統外，並可在最短時間內追蹤源頭。

在三一一地震之後緊接發生福島核災，很多人質疑日本的防災系統是否發揮實質作用。持平來說，相對於一九九九年發生在台灣的九二一大地震，規模不過是七．二，三一一大地震卻到達九．三，已經不是我們所能想像。完整的防災系統無法防止超乎預期的災害發生，但可以減緩災害影響的範圍擴大。

從災防辦功能開始改變

美日相較之下，我認為比較值得台灣學習的是日本的防災系統。我們國情和日本非常類似，都在準備天災，卻對事故災害非常陌生。

當務之急應該是從行政院災防辦著手。從現今二十人左右擴充到至少五十人，並由真正的專家擔任類似日本防災擔當大臣職務，不但要有指揮權，更要成為部會間整合協調的平台，而不是和行政院其他局處等同視之，更不應只是在災害發生後，幫行政院長安排勘災行程。

災防辦在平時要有智庫或是研究單位，協助做專業分析。如我在建立颱風的國家應變系統時，有國家災害防救科技中心提供專業資訊，但即使裡面重要成員都是我的同事和學生，溝通順暢，完全沒有浪費時間，仍耗費三年才逐步建立。

舉例來說，一旦發生如核災這樣大規模的意外，在什麼樣的濃度下，在什麼樣的風向和風速之下，輻射塵要多久會到台北？這都跟後面的疏散計畫息息相關，這些都需要相當的專業分析和科學模擬，絕不是讓大家吵著要五公里或二十公里逃命圈。這不能光靠喊價，而是需要科學依據。

在災變發生時，災防辦的任務就是要給行政院長或指揮官充分的資訊，以進行判斷，並提出具體行動方案。

擔任指揮官的人，則必須體認在做任何決定時，都要有幕僚團隊，勇於和幕僚討論並尊重專業，在平時建構科技分析體系，而不只是依賴業務單位提供專業意見，否則容易流於片面和本位。

我所提的這一切，在台灣都需要重建。從政策面、從組織面、從法令面多管齊下，甚至是政府的心態、人民的態度都要改變。

藉由重建轉型

高雄氣爆帶給台灣的教訓雖然慘烈，但不失為翻轉的契機。

高雄市府要做的，首先是重新蒐集管線資料，其次是分級分類，對危險和不危險的管線有不同處理方式。第三是石化管炸掉的區域，對石化業以及對高雄市民就業機會的衝擊要經過評估。若不准業者回埋，載著石化原料的槽車可能滿街跑，但若要准予回埋，又要如何讓民眾安心。

我的建議是盡快完成共同管線，要求所有埋設管線的業主，固定每幾百公尺設置監測儀器，萬一發生問題即自動斷氣，不需追溯源頭，再去總廠關掉閥門，讓民眾感到安心。

在災區重建部分，市府可考慮進行帶狀都市更新，賦予新的都市生命。除了將凱旋路路面覆蓋的溝蓋打開，回復原本的水圳面貌，打造優美的水環境，還可開放公民參與，讓當地居民有機會編織自己的未來，不但可以轉換受災情緒，也是最好的心理治療。如此一來，一次解決都市排水、都市更新和災民安置等災後三大問題，尤其是災民的心理調適。防災中心指揮官不僅要救人命，還要處理災民的柴米油鹽。

接下來是更長期的規劃。國家要思考設置石化專區的可能性，將林園、大社等石化區移到專區，騰出來的工業區，學習德國魯爾工業區，轉型成為環保都市，讓過去是嚴重汙染重工業區，轉型成為環境優美社區。

高雄市府在此同時要趁機讓高雄徹底轉型，我期許成大成為背後專業支撐的主要智庫，啟動包括都市計畫系、水利系、建築系、土木系等等參與，最重要是將實際經驗再回饋到成大的教學內容和研究範疇，讓一個學校有機會加入，共同參與計畫和成長，並同時解決高雄市政府的問題。

防災就像一個團隊在打棒球，要有不同節奏。在面對敵人時，有人打第一棒，然後第二棒、第三棒，一棒棒接下去。而防災指揮官就像是教練，要把棒序排出來，角色和劇本都要寫好。平常要演練，事情一發生，每個人都能依據自己手上的腳本，各就定位，由指揮官提供資源，讓每個人照節奏往前走。

因為過去十年來，不論面對天災或人禍，我們付出的代價實在太大。下個災害，看似離我們很遠，其實卻可能很近。整個政府要開始檢討，萬一再度發生災害，該怎麼辦？以現有的政府組織，有能力因應嗎？我們有多少功課還沒做、有多少專業需要補強？

我認為，時間並不站在台灣這邊，現在，就需要開始行動。

11

博士內閣成為施政毒藥？

政務官如何培養

從扁政府時代到現在，內閣學經歷均是一時之選，卻缺乏全方位訓練和國際視野的培養，沒有扎實的養成過程，人才很快陣亡。

台灣要到哪裡找政務官？

算一算，單一個直轄市就需要二、三十個政務官，六都需要將近兩百人，再加上中央部會，至少需要三、四百個政務官。這些攸關國家治理的人才，要到哪裡找？

今天不論是哪個政黨執政，都深切感受到政務官的培養是個問題。在台灣，經常找不到適合的人擔任政務官。其實台灣不乏人才，如科技業人才濟濟，這些人在民間單位表現優異，入閣後卻完全施展不開，顯然是受制於政府體制，以及政府運作方式出問題。

博士內閣讓全民失望

同樣地，社會大眾對博士內閣怨聲載道，懷疑國家用這麼多大學教授進入行政體系，表現卻不如預期。下台的政務官也抱怨，在內閣無法發揮，最後落得不歡而散。

大家都懷疑，是否還要從學界尋覓政務官。

事實上，學者具有一定的學養和能力，在學術領域上多是佼佼者，但在轉換位置的過程中，卻從來沒有機會歷練，了解行政實務。

部分內閣官員即使上任前已有實務經驗，但資歷多是縣市首長、副首長或是局處長，對市府規模雖然熟悉，對國家層級政策卻全然陌生。他們的能力再強，眼界也只有縣市政府層級。

這就是台灣所面對的難題。從陳水扁政府時代延續到現在，拔擢的政務官都有類似背景，人人都是一時之選，卻缺乏全方位訓練和視野的培養，沒有國家甚至是國際的高度。

若要比照歐美國家，轉而從國會中尋找適當人選，好像也有困難。因為台灣的立委選舉採取小選區制，為了爭取支持，再專業的立委都要花大量時間回選區做選民服務，而選民請託不外乎換路燈、清水溝等等。立委關注議題的範圍愈來愈小，國家大議題反而沒有人關心，因為沒有選票、也沒有市場。

行政院推出的任何政策，都要費盡力氣說服立委，也不見得能獲得支持。在這樣的氛圍下，當然見不到政府部會願意提出具有遠見的政策，重要的法案更是根本沒人提。

給我方案：水利工程該怎麼辦？

但回顧台灣政壇，並非一直如此。

對政務官的培養，過去省府的運作或許可以做為今日的借鏡。賀伯颱風重創台灣那年，我在台大土木系教書，寫了一篇文章，對政府處理賀伯颱風多所批評，同時提出許多建議，包括水利工程、水利組織和相關法令要如何具體改善。

當時的省長宋楚瑜先生把我找去，說你有這麼多意見，「是否能提出具體方案，告訴我該怎麼辦？」

我用了一個月的時間，草擬出水利組織應該如何調整。因為當時掌管水利的單位位階太低，都是屬於建設廳轄下的單位，除了水利局之外，每個水庫還有水庫管理局，而水庫管理局和水利局卻是平行單位。

另一方面，河川流域從上游到下游的管理，分散在不同單位，第一無法制定完整政策，第二位階錯置，造成水利單位永遠被視為技術單位，無法指揮曾文水庫，無法指揮石門水庫，職權各自分散、事權無法統一，連建設廳長對水利工程也無法全盤了解，無法指揮調度。

我提議將水土林整合成水利處，也就是今天環境資源部的邏輯，把水土林整合在一起；其次是修法，包括林是森林法、土是水保法，水是水利法，當時分散三部不同法令，不過一旦牽扯到修法，通常會拖延甚久，所以最後決定土、林還是留在原來的架構下運作，只把水利相關單位整合成為水利處。

宋省長接受了我的建議。他再度把我找去，直言中央先不要談，現階段最重要的是將省府建設廳轄下所有水利單位，全部整合成為水利處，由我銜命進行規劃，而這就是台灣省政府水利處及後來經濟部水利署的由來。

水利處建置期間，宋省長請我當省政委員，他說：「你沒有行政經驗，當省政委員可以幫忙盯水利處。」就這樣，陰錯陽差讓我成為省府的一員。

三個月的省政委員生涯，主要工作在協助籌畫水利處。有一天，省政會議結束後，我開車回台北途中，接到省府電話，宋先生請我回去，我只好從新竹折返台中。「我找不到適當的人來擔任水利處長，你能不能來接？」宋先生一見面，劈頭就問。

我從一九八六年開始和建設廳水利局接觸，相關水工模型試驗多由我指導完成，和河川局、水利規劃試驗所也相當熟悉，自認對業務有一定程度的了解，於是點頭說，「假如沒有更適合的人選，我願意承擔。」

從此開啟我和省府團隊因緣。但即使自信對業務和人事熟稔，進入水利處後，我才發現公務行政和學術理論有相當大差距。

第一個難題：公文要如何批？

政治現實逼得我從零開始摸索。第一件面臨的難題是「公文」。因為公文的簽呈和批示，蘊涵倫理關係，其中還有潛在規則。其次是「會議」，什麼層級召開的會議要派什麼人與會，什麼會議要自己參加。第三是省議員找你，何時要說可以，何時要拒絕，都需要從頭摸索學習。

更複雜的是，水利處每年有超過四百億元預算，直屬公務員多達兩千多人，還要兼管自來水公司以及十五個農田水利會，組織和預算異常龐雜；水公司、水利會和水利處雖然都是水利單位，但文化差異性非常大，管理難度非常高。

尤其是水利處內部分成多重派系，當年涉及鉅額利益的砂石，就是水利單位管轄，內部人員和砂石業者、民意代表的關係千絲萬縷，一層又一層，層層包裹牽扯不清。

可以想像，當時的我既年輕，只有四十歲左右，行政經驗完全空白，加上到省府不久後省議會即開議，每個人都等著看我笑話，因為很多人覬覦水利處長這個位置很久，最後竟然是個毛頭教授出線。

面對即將到來的艱困挑戰，我只能在極短的時間內快速學習成長。首先，我不斷請教前輩有關內部生態，並找來具有豐富行政經驗的人擔任主秘，以補充我的不足。

其次是請同仁把重大工程資料全部整理出來。在最短時間能走到就走到，來不及走訪就全背起來，如「大甲溪堤防」不是只有五個字，沿岸還有豐洲堤防、客庄堤防、火焰山等；還有過去從未聽聞如高雄鳥松坔埔排水、彰化石笱排水等等，我將地名、位置和工程內容全部背起來。

我之所以這樣做，是在省議會備詢時，不會被省議員的氣勢嚇到。因為省議員在質詢時咄咄逼人，我認為絕對不能露出任何破綻，讓他們有攻擊的機會，也讓水利處同仁和省議會放心，處長雖然是台北來的年輕人，對狀況還是有所掌握。

你對我負責，下面的人對你負責

但要領導水利處如此龐雜的官僚組織，卻要靠分層負責、充分授權。我把內部一級主管全找來，告訴他們，我是政務官，你們是事務官。什麼是政務官？就是只管大事、不管小事。大方向、大原則我掌握，但工程細節不要報上來。

由於水利系統在水利處成立前，屬總工程師當家，所以我授權總工程師，直接告訴他，工程相關公文由你處理，人事也遵照過去傳統，升遷懲處由你決定。

對其他主管，我則強調，我只有兩項要求，工程進度和工程品質。雖然我不會逐一檢查每項工程，但如果到工地視察時，察覺不對勁，把工程圖調出來比對發現有任何閃失，一定鐵腕辦到底。

即使我已經公開說明，還是經常有河川局長問我，「處長，下面有課長出缺，你有何意見？」我一律說：「你對我負責，下面的人對你負責。」

我要建立的是一個權責相符、分層負責的水利處。因為我很清楚，若管太多細節，會讓下面主管凡事請示，不願做決定，要培養出願意負責任的文官，就要尊重他的專業。

記得在一九九八年，我要離開省府時，經濟部政務次長張昌邦監交，水利處同仁列隊歡送，女同事們哭成一團，沿路我可以叫得出每個人的名字。張昌邦好奇地問，李處長來多久？我說不到兩年。他很訝異，直說怎麼可能只有兩年就和他們這麼熟？

一直到今天，十七年過去了，我和當時的省府同仁一直保持非常好的夥伴關係。

回想當時的政治大環境，並沒有比現在好多少。我接受省府任命時，已經確定要凍省，整個省政府淒風苦雨，大家都知道這艘船即將沉沒，尤其是一九九六年的賀伯颱風過後，水利單位好幾個工程師及主管都吃上官司，士氣非常低落。

但我在水利處的兩年期間，帶領他們一起往前衝。台北防洪的洪水預報系統以及台灣省水利處水情中心等，都在我那個時候建立起來，水利系統的士氣也隨之昂揚。在省府最低迷的時刻，我們水利處從一支猶如被打敗的部隊，脫胎換骨成為省府最強的戰鬥部隊（TOP GUN），每個人都幹到一九九八年十二月二十日，省府時代結束為止，沒有任何人中途脫逃。

盡忠職守到最後一刻

這樣的熱誠，勇於任事的態度，在今日的台灣官場正在逐漸消失。當時的水利處水政組組長，後來的水利署副署長王瑞德在我的歡送會上說，我們每個人就像是鐵達尼號上的小提琴手，即使知道船即將沉沒，仍在自己的職位上拚命拉，拉到最後一秒鐘，拉到船沉為止，這就是「省府精神」。

我在省府看到的是有熱誠的公務員，他們勇於任事，即使知道一九九八年十二月底可能沒有工作，仍然在自己工作崗位上戰戰兢兢，直到最後一秒。

一九九七年，屏東新園淹大水，宋先生和我們到現場勘災。全新園都陷入汪洋中，只有媽祖廟沒有被淹掉。

我們就站在媽祖廟前，看著這片水鄉澤國。宋先生問到底發生什麼事？我說這地方從頭到尾沒有任何排水設施。

他接著問我：「那該怎麼辦？」我說：「報告省長，地方區域排水是屏東縣政府的權責，我們插不上手。」他轉頭問當時的縣長蘇嘉全，蘇嘉全說他也沒辦法。這時我開口請示，只要省長交代一聲，水利處就幫屏東縣規劃設計。

宋省長緊接著問：「你要多少時間？」我回說：「一個月。」回過頭，我告訴第七河川局局長陳世榮，「給你兩個星期時間做好規劃。」之後，完全沒人再提起這件事情。

直到第二十九天，省長辦公室打電話給我，只有簡單一句話，「明天去屏東。」我們在新園淹水後的第三十天，回到屏東，再度來到媽祖廟，當著宋省長和縣長蘇嘉全的面，報告排水系統的規劃設計。結束後，我說：這是屏東縣的權責，我們會將規劃報告，以及施工經費（估計需七千五百萬元）交給縣政府。

但蘇嘉全雙手一攤說：「沒辦法，我做不到。」省長又問：「李處長怎麼辦？」我說：「省長交代一聲，我們就扛下來。」要多久？我說六個月。從新園淹水後起算，包括設計規劃和施工，七個月後我們幫新園建置完成幾十年來都沒有建設的下水道。

當時的我們是用這種態度和精神在替民眾服務。雖然每個河川局局長心裡七上八下，不知自己的未來在哪裡，但還是像鐵達尼號上的提琴手，盡忠職守到最後一刻。

勘災一天繞台灣一圈

在宋省長的領導下，當時的廳處長在工作上承受相當大的壓力。一九九八年十月中度颱風瑞伯席捲全台，各地紛紛傳出災情。宋先生率領省府團隊，早上一大早坐空軍行政專機飛到屏東，當天風雨還很強，飛機在高空劇烈搖晃，就跟放風箏一樣。落地時，飛機左邊先接觸地面，右邊再下來，省長問駕駛怎麼回事？他說因為側風太強，若是兩個輪子同時著陸，飛機會翻掉。

結束屏東勘災後，我們又坐直升機到車城，去看因為牡丹水庫洩洪被沖壞的洋蔥田，然後坐上交通處準備的廂型車，一路顛簸從車城到台東，到台東之後，再坐休旅車到花蓮看土石流，由當時的花蓮縣農業局長杜麗華做簡報。這一路，一行人忍飢挨餓、滴水未進，看看手錶當時已經將近晚上九點，還有最後一站宜蘭。

在台鐵安排下，我們在花蓮火車站坐上專車，才有人將花蓮扁食送到火車上。當時正是省府和中央鬧最僵的時候，但宋先生的心還是很細，他看到月台上很多人在等車，我們只有幾個人卻坐一列火車，特別囑咐不要停得太靠近月台，以免引發不必要的非議。

就這樣，我們坐火車一路到宜蘭得子口溪勘查災情。那一年宜蘭一連淹五次水，第一河川局長半夜十二點站在水淹漫漫中，對著我們做簡報，了解實際狀況並提出解決方案後，我們才又坐火車往台北走。

直到現在我的印象還很深刻，那天從清晨五點出門，回到台北約半夜兩點，從飛機、直升機、廂型車到火車，搭了四種交通工具，全台灣繞一圈，一站站去發掘、解決問題，我沿路用手機下指令，隔天回到辦公室，所有答案都已經在辦公桌上。

這樣的勘災行程對省府團隊並不陌生，掐指算算，我在省府不到兩年時間，兩部車子輪流開，里程數加起來超過十萬公里，更不用說坐直升機或搭火車等等。

事實上，在凍省生效前半年，也是我最掙扎的時刻。當時的處境可說是「腹背受敵」，一方面要應付颱風淹水，一方面要跟中央討價還價，談未來組織要如何整併。

當時中央想以兩百人的經濟部水資源局，吃掉超過兩千人的省政府水利處，並將河川局丟給縣市政府。當時我們跟中央力爭，河川從上游到下游流經好幾個縣市，跨縣市的河川局不應該交給單一縣市政府，因此凍省條例特別為水利處加上一條：台灣省水利處不可以拆開。

次長調廳長，廳長調部長

從結果回頭檢視，後來的經濟部水利署完全以省水利處為主體，把水利傳統命脈和專業一路保存下來。我也從一張公文都不會批的教授首長，到最後為今天的水利系統建立良好的基礎。

今天台灣碰到的最大問題是，省府不見了，缺少了人才培育和轉圜的空間。

不可諱言，彼時的省政府也是中央政府最好的人才庫。那時候的人事調動幾乎都遵循相同邏輯，在中央部會表現好的次長，先調到省政府當廳處長，經過一段時間歷練，再回到中央當部會首長。

而省府因為掌控全國九成以上的工程建設及預算執行，和地方縣市政府的關係密切，廳處長自然因此更能掌握縣市區域狀況，即使回到中央，也不至於和地方脫節。

這樣訓練的好處是省和中央是重疊的，從省府廳處長再到部會首長，面對整個台灣的格局，第一是政策面會清楚，第二執行面會清楚，第三是地方需求清楚，連地方語言都清楚。

但現在的閣員受到的訓練有限，從民進黨到國民黨的政務官，即使有經驗也僅止於各縣市政府，永遠有盲點。北部人不懂南部，南部人不懂北部，問題不清楚，也不了解中央政策在地方執行時會碰到哪些問題，結果制定出的政策眼高手低，無法落實，大家一直在抱怨。

到現在還有不少人懷念前經濟部長李國鼎、孫運璿等人，但以今天的立法院生態，相信即使他們處在今日的大環境，也很難有發揮空間。另一方面，即使是優秀人才，如果沒有經過扎實的訓練過程，在現今時空背景下，還是會很快陣亡。

將有潛力的人送出國受訓

離開省府後，我有持續十幾年時間在荷蘭和歐洲參與各項學術計畫，眼界開了許多，但也更深刻感受到，台灣不只是面積小，更甘於自我矮化，視野也愈來愈小。

台灣政府常常怪「中共打壓」，但這不是台灣變小的關鍵，真正的原因是我們習慣以中共打壓為藉口，不去參與國際事務，愈來愈自我設限，不去面對國際化、全球化帶來的改變，永遠只會談本土化。

政府要培養人才，就要建立平台，將有潛力的人送出國受訓。

一九九八年左右，我跟宋先生說，我們應該要開始注意防災。於是他派我和消防署長趙鋼到美國防災總署受訓，我和防災也就此建立不解之緣，把防救災的觀念帶回台灣，並且逐步建立機制。

省府過去有「千里馬計畫」，由首長鎖定值得栽培的中級幹部，送往歐美進行為期一至兩年的訓練，從成本效益看來絕對划算，但現在經費愈來愈少，還常遭汙名化為出國受訓只是在觀光旅遊。

反觀從宋楚瑜、連戰到錢復等老一輩政治人物，都在台灣尚未退出聯合國時代被送出國訓練，格局和視野都非常人所能及，他們有機會和國際交涉，也知道如何進行國際協商。

這才是國家閣員該有的訓練，不但拓展視野，更有利於和國際接軌。

遠赴荷蘭後，我的荷蘭朋友讓我有機會參與聯合國教科文組織的活動，在國際網絡上扮演一定角色，了解其他國家的水利發展，學習到如何主持國際會議、看待國際衝突。透過近身觀察荷蘭的教授如何整合全荷蘭團隊，和政府以及非政府組織密切溝通，訂出適當法規和方案，進一步擬出跨國的國際計畫，且每項計畫經費規模都到十億歐元等等，這些全是用錢也買不到的寶貴經驗。

透過荷蘭經驗，我深刻體認到，既然政務官的培養是當今挑戰，或許可以透過學校和政府建立實質夥伴關係，培養國家需要的人才。

政府和學校建立夥伴關係

荷蘭雖然和台灣一樣是小國，面積差不多，人口僅一千七百萬人，卻是全世界國家對外援助第二名，僅次於瑞士，在歐盟更可發揮呼風喚雨的影響力。他們研究氣候變遷、水資源處理，不只著眼於荷蘭，更放眼非洲、中南美洲和東南亞等國家。

因為荷蘭的大學和政府早已建立密切的夥伴關係。學者的科學研究和國家政策緊密配合，教授在大學內即有機會主導國家重大政策和研究，了解政府運作機制，學習如何和人協調、如何和不同大學整合，如何和各部會以及各種產業討論，制定出國家重大政策「荷蘭氣候變遷計畫」。

荷蘭的大學強調資源集中，也是台灣所不能及。全荷蘭只有台夫特理工大學有土木系，而不是所有大學都有土木系，如此一來，大學和大學保持既競爭又合作的關係。但是他們很清楚，合作比競爭來得重要，唯有如此才能研擬出國家或是跨國大計畫。

因為學者提出的所有計畫，最後都會反應在教學和研究上，所以荷蘭的大學內，教學內容自然會隨著國際環境而不斷在改變。

但回到台灣，我必須承認，在台大土木系教書二十八年，看到教授的教學內容中有七成都是一成不變，因為我們這行的知識汰換率不高，不需要追求太多新的知識和資訊，也可以生存。

國家的科學經費雖然一年年微幅增加，卻沒有發揮集中效應，而是如同切蛋糕般，將一塊蛋糕切成二十塊再平分，資源分配求平均，卻不求實質解決問題，以致所有研究都很片面，做完也只能放在書架上，對政府施政完全沒有幫助。

要改善施政的不足，政府要和大學建立夥伴關係。二〇一四年八月，高雄氣爆發生後，我慎重建議高雄市政府和成功大學合作，讓成大成為市府的智庫。因為氣爆區非常需要重建，高雄市政府的當務之急，包括管線重建、建置共同管溝、未來石化管線的監控、增設斷氣系統，以及強化消防隊員訓練等，都需要一個具有科學邏輯分析能力的「腦袋」。

成大是南部最大規模的國立大學，有土木系、化工系等等院系，完全符合氣爆後重建工作所需，市府和成大若能建立夥伴關係，由成大發動對高雄進行全面性研究，嘗試幫高雄解決問題，這對學校、教授和碩博士生，都是最好的學術和實務雙重訓練，並在這過程中，把高雄市的大學專家涵蓋進來。

高雄市政府因為有成大的學者專家做後援，對城市的未來將有完全不同於以往的想像。我認為除工學院外，還需要社會系、心理系等一起參與，因為災區居民需要心理輔導。此外，公民參與亦不能偏廢，可由成大都市計畫系和建築系負責，引導災民畫出自己的「高雄美夢」並據以施作，在重建過程中，這將是最有效的心理治療。

透過協助高雄進行災後重整，成大可望跟著轉型，將和高雄合作經驗回饋到教學內容、研究題材和研究生論文，並藉機改變高雄的文化和市容，以及高雄市民的心態，相輔相成。

未來如果能在北、中、南部，各鎖定一所或兩所重點國立大學，成為直轄市政府的智庫，首長才有更強的專業支撐，制定可長可久的政策。

其次是大學藉機轉型，和國家政策以及城市建設緊密結合，不至於永遠停留在象牙塔中；第三，大學自然成為國家重要的人才庫，參與的教授和碩博士不再只有理論，或光說不練，而是既有邏輯還有實務經驗，即使被拔擢進入政壇成為政務官，基本上不會成為誤闖叢林的小白兔。

透過縣市結盟進行實務訓練

另外一個可以進行的方向，則是縣市結盟，強化區域治理。在台灣幾乎每個縣市的規模都不夠大，如第八章所言，基隆要和台北市、新北市共同規劃，同樣的邏輯可以運用在桃竹苗、中彰投、雲嘉南和高高屏等，以直轄市做為領頭羊建立聯盟。

以現今的政治情勢，合併雖然有難度，聯合運作卻可以做到。從區域治理的角度出發，縣市首長到政務官都可以學習到如何和其他縣市協調，做出更大規模的規劃，猶如小型省府般進行「實務訓練」。

如此一來，官員的格局更廣，不會限縮在縣市之內，更重要是區域聯盟的戰略不會限定在台灣島上，而是放眼環太平洋，各區域要針對自己的戰略位置進行優劣分析，同時找出國際定位。

舉例來說，高高屏是台灣南進的窗口、中彰投是離中國最近的口岸、雲嘉南則適合發展精緻農業，當每個區域聯盟都發展出特色，官員隨著治理範圍變大，眼界也變寬，國際視野自然出來，也能培養出一流的政務和事務人才。

台灣要到哪裡找政務官？看看過去，想想未來，再放眼全球，我想這個答案，一直都在我們的眼前。

12

當老松國小只剩六百多人

老年化和少子化的台灣何去何從

——

再過二十年，台灣會有三分之一是老人，當台灣的人口結構發生劇變，不友善的移民政策卻又將人才阻絕在高牆外。人口政策、移民政策、新住民教育政策，決定未來的國力。

各式各樣手法表現的廣告中，最吸引人的，始終是剛出生嬰兒純淨自然的眼神。在如海水般沉靜的眼眸間，再強悍剛硬的人，心也會瞬間變得柔軟。尤其是那一雙雙小巧，看似什麼都抓不住的手，更緊緊牽動著我們的未來。

但這樣的眼神、這樣的小手，可能愈來愈不容易看到了。我在內政部時，每兩個月要主持一次人口會報，因為內政部是全國人口政策的主要幕僚單位。

每三個人有一個是老人的世界來臨

第一次開會，他們給了我一張表格，數據說明台灣在二〇一一年時，六十五歲以上老年人約兩百五十三萬人，到二〇三六年將急遽升高到六百四十七萬人，在二十五年間增加將近四百萬人，占全國人口約三分之一強，換言之，每三個人當中就有一人是老人。

在台灣逐漸老化的同時，七到十五歲的中小學人數卻在迅速萎縮，從兩百四十五萬人降低到一百七十萬人，也就是未來有七十五萬個中小學生將從學校中消失。

這兩個數字同時在發生，意味著屆時在台灣的年輕人，每一．七人要扶養一個老人。人口模型從過去的金字塔形成為錐子型，支撐的底座愈來愈細。

當時，我隱約感覺這問題很嚴重。

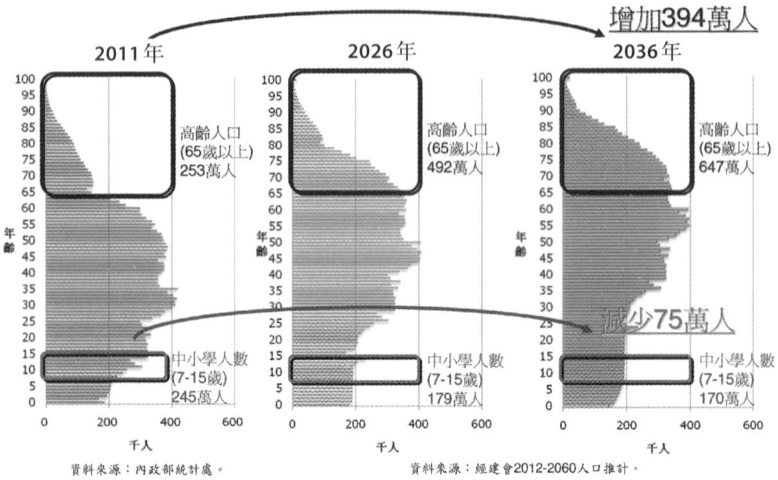

資料來源：內政部統計處。
資料來源：經建會2012-2060人口推計。

到2036年時，台灣65歲以上老年人口將達到647萬人，同時間7到15歲的中小學人數降低到170萬人

兩個月過去了，人口會報中又出現同樣表格，台灣人口往老年化和少子化兩個極端在拉扯。我感到很納悶，這議題留在內政部討論於事無補，因而請他們呈報行政院，建議列為施政優先順序。

我納悶的是，在老化的壓力下，現行退休制度勢必崩盤，其次是數量如此龐大的老年人口，不見得有子孫同住，或是在家老化，但安養系統卻沒有適當準備。因

為照顧機構不足、照顧人力更缺乏，外勞來源還可能遭阻斷，印尼政府早已宣布在二〇一七年不再出口勞工，台灣顯然正走在懸崖邊上。

社政系統雖然急起直追，積極研擬長照保險，但我們對公共場域的想像，還停留在無障礙空間，僅止於讓身障者和老人在公共建築物中自由進出，卻缺乏對改造城市、進化為老人都市的想像。

舉例來說，國內現行運輸系統以開車為導向，道路建設和相關設備都在方便人們移動，但人老化後反應不再靈敏，到一定年紀後不應再開車。所以我交代營建署和建築研究所規劃老人都市，建築系統、交通系統到支持系統都要以老人為核心，設計成為適合老人生活的都市。

中小學生從學校消失

除了老年化之外，我們也不得不面對中小學生正在消失的事實。我請營建署針對中小學生數目減少，造成學校校舍閒置狀況進行調查，以位在台北市萬華區的老松國小為中心點，根據教育部規定學生最遠通勤距離，往外畫出半徑一．五公里範圍，竟有十一所小學、四所國中和五個捷運站。但幾乎每所學校都有一大半校舍沒在用。

大家可能很難想像，在我小時候，老松國小可是全世界最大、學生人數最多的小學，一個國小塞了一、二萬名學生。如今卻如遲暮美人，勉強剩下六百多人，校舍頓時空出大半，附近學校都面臨相同狀況。

這麼大規模的學校、這麼多閒置空間，不但沒有適當活化利用，市政府還要浪費公帑去維護管理。曾經有位市長參選人跟我提及，台北市每年光買油漆、粉刷閒置校舍，就要動用台幣十億元。校舍沒用又要花錢粉刷維護，這筆帳再怎麼算都算不清，從校園管理層面來看，對學生也不安全。

極端少子化的結果，小學慢慢要關掉大半，中學也招不到學生。可預見的未來，大學勢將面臨倒閉浪潮的侵襲，教育部也無法解決，只能鼓勵學校合併，但馬上就遭遇阻力，因為對學校來說，沒有誘因和驅動力。

我在內政部時曾經提出，從中小學到大學，只要願意合併，可以透過都市計畫和地政手段，將學校的教育用地變成商業用途土地，提高土地價值；甚至利用校園土地興建老人住宅、青年住宅。縣市首長大可以喊出年輕人移居，只要到某城市上班，前六年由政府提供平價、低廉的住宅，鼓勵人才入住，年輕人不怕找不到地方住，閒置空間也得以活化再利用，從此翻轉整座城市。

但是，錢從哪裡來？

我認為，只要利用一半面積的校舍土地，活化興建青年住宅、社會住宅，以學校多興建在交通便利的地方，周邊生活機能良好，從公園綠地到商業設施一應俱全，非常適合居住。另一半校舍土地則可部分賣掉充當建設經費，其餘建成公園、綠地及滯洪空間，改善市容及生活環境。

如此一來，政府不用花一毛錢，就可以徹底解決廢棄校舍，而校舍的活化再利用，更讓興建青年住宅、社會住宅和老人安養社區，有更大的空間和可能性。

我提出整套構想之後，內政部開始腦力激盪，但最後還是要送到行政院，因牽涉的部會既多又廣，絕非內政部單一部會可以完成。

政府拿不出有效對策

人口政策，在台灣已經不是新議題，令人憂心的是政府似乎拿不出有效對策。

我認為關鍵還是要回到政府的有效管理。行政院若認為人口是攸關國安的重要議題，應該根據政策，為每一個部會訂定具體而明確的方向和目標，從財政部、教育部、內政部、經濟部、勞委會等相關部會，要求在期限內完成，並切實考核。

其次是行政院除考核之外，更要了解各部會遭遇的難處，適時伸出援手並給予協助。最高明的政府管理是在考核的同時，主動提供資源，解決部會難題，提升部會能力，再有所不足，就尋求外援，諸如學術、研究單位等資源進入。

如果防災政策都可以從中央滲透到地方，人口政策沒有理由無法解決。在行政院支持下所提出的防災政策，是因為有內政部扮演好專業幕僚，國科會國家災害防救科技中心、防災國家型科技計畫辦公室等提供正確資訊，對防颱的指標也很明確，我們除針對全國村里，提出七千八百三十五張防災地圖，並要求每個村落在災害發生後，以自救七天為目標。

從中央部會到地方縣市政府做好整合協調，建立一對一窗口，協助縣市政府建構防災機能，落實到每個村里部落都拿到專屬的防災地圖，知道萬一災害發生當時可以採取的因應對策，乃至於各縣市都有大學設立防災相關學程，做為地方政府的智庫。

從莫拉克風災後的血淚教訓，到今天在防颱上建立成功夥伴關係，就是因為我們花三年的苦工整合協調部會，給予各部會明確的期程和目標，有任何不足由我們提供專業協助，讓災害管理機制充分發揮效果。

從防災到人口政策的兩相對應之下，我深切感受到，政策沒有落實到部會，就沒有行動方案，更無法建立支持體系。

這一切都要腳踏實地，一步接一步進行系統性改變，絕不可能一蹴可幾。

移民法阻斷新血輪進入

台灣不僅人口結構產生變化，不友善的移民政策更阻斷引進人才新血輪。在全球化趨勢下，全世界都在搶人才，新加坡政府甚至建置獵人頭機制，到全世界尋找最需要的技術人才，他們懂得以更多的彈性和空間，化劣勢為優勢。如同新加坡缺水，卻把節水產業買斷，並發展出「New Water」做為品牌行銷到全球，不但解決國家問題，也成為節水技術輸出國。

新加坡深諳人才對國家發展的重要，移民政策非常友善，並提供誘因鼓勵他們所需要的人才移民到新加坡，也因此外來移民的比例非常高。

相對之下，台灣的移民法對外來人才既不友善，還處處設限。我離開台北縣後，有次在演講場合，遇到一位馬來西亞籍的高階主管。他告訴我，他是一家公司的總經理，也是美國麻省理工學院博士，但台灣政府規定他每年去醫療機構抽血，檢驗證明沒有愛滋病，才能繼續居留工作，讓他深深覺得受到侮辱。

移民法的基本精神，說穿了是防弊，防止外國人來搶本地人工作，卻把白領人才也隔絕在外。整體社會氛圍更充滿敵意，媒體常常刻意揭露「肥貓」，形容某些人薪資過高或高於一般人可以想像的水平。但要引入國際人才，就要提供優厚的薪資，即使他一年拿三百萬元台幣，若可以為產業、為國家製造三億元利潤，當然是世界各國爭相搶奪的人才，刻意以「肥貓」來形容，是大鍋飯主義下的假平等。

很多高階人才因為不願背負「肥貓」罪名，不過五十餘歲就選擇退休，轉往國外服務。表面看來是他個人的損失，但他帶走腦袋、經驗和資金，甚至是整個家庭。放大來看，其實是國家的損失，我們的國力也因此慢慢衰退。

我們的國籍法對外國人採單一國籍，更是將有心落戶的人才往外推。在內政部時，有很多台大的外籍同事去部內看我，同時跟我陳情，這些從美國來的優秀人才，在學校教一輩子的書，領的薪水跟美國相較相當微薄，仍甘之如飴，臨到退休前才發現因為沒有中華民國國籍，退休金只能一次領，無法領月退。

按照制度，他們必須先歸化入籍中華民國，取得國籍後才能享有領月退的權利。這些教授都是從美國來台工作二、三十年的高級知識份子，培育人才同時依法繳稅，對國家的貢獻和你我一樣，卻在為台灣奉獻一生的才智和心力後，在臨退休前面臨這麼大的難題。

即使外表和我們不同，他們的內在卻是道道地地的台灣人，在邁入老年之際愕然驚覺，遙遠的美國已經回不去，但以退休金一次領的額度，又無法在台灣安養天年。

了解他們的故事後，我的內心為之翻騰不已，不斷自問：這樣僵化的法令，到底造福了誰？移民法是移民署執掌，國籍法是民政司主管，看起來都是內政部，但這些攸關國家最基本精神的法令，我們沒有權利去修改。

以現行的移民法和國籍法，台灣沒有任何有利條件吸引全球人才。舉例來說，台大若要找一位諾貝爾得主來台灣授課，立即遭遇的阻力是，和其他國家相比，所能提供的薪資過低，其次是退休沒有任何保障。

於是，我向行政院提議，國家應該認真思考承認雙重國籍的可行性，但最後只得到「慎重考慮」四個字，至今仍沒有下文。

讓人民有感的第一步

即使世界起了翻天覆地的變化，科技進入雲端時代，台灣很多法規卻仍停留在五〇年代。到內政部工作後，第一次到移民署視察，我就直接了當說，我要的是友善的移民政策。我請每位官員蒐集主管範圍內的表格，回去後從頭到尾自己填一遍，他們發現要滿足表格需求，簡直是痛不欲生，因為欄目細瑣又複雜，很多不必要的項目都應該刪除，讓表格更簡單化、友善化。

我告訴他們，法令我來突破，但技術請你們負責。在我看來，很多個人資料都在國家的雲端資料庫，如過去申請正式文件時，要檢附戶口謄本，證明自己和同戶人口身分。明明公務單位上雲端資料庫就可以輕鬆確認，為何要民眾花時間做無意義的事？

如果將每個人在公務機關申請文件流程時，所耗費的時間換算成人力成本，就知道這類細瑣繁雜的小事，浪費國家多少有效人力資源。

大從人口政策、移民政策，小到這些大家習以為常，看似無關緊要的芝麻小事，都和民眾生活息息相關，只要重新檢視，自然可以做出讓人民有感的政策。

當政府不斷提出數據證明政績，仍無法引起人民共鳴，我認為要「有感」的第一步，即檢討現行法令規範和人民權利義務關係，隨著時代和工具的改變，進行調整和因應。

因為有這樣的體會，我在內政部期間開始著手改變，既然已經有地理資訊圖資雲以及戶籍資料庫，民眾洽公，沒有必要就不需要戶籍謄本、地籍證明等等，盡量做到少紙化、簡單化。這些都是人口政策的一環，但我們只能從技術面改善，法令規範的改進顯然遠遠不足。

因為今日的台灣，不僅無法吸引外來人才，對本地人才外流更是漠視。世界已經是國際村概念，人才市場更是開放，造成過去十幾年來，台灣培養出來的高階人才不斷外流，流動到讓他們得以發揮的舞台和國家。

追根究柢，都是因為台灣長期低薪，加上不友善的法規和制度，讓人覺得焦慮。

前進東南亞最好的人才庫

這些國家培育出來的優秀人才，帶著專業和技術走了，將在台灣所學貢獻給其他國家，更不用說他們若選擇在台灣打拚，可能創造出的產值和就業機會也隨之消失。不論怎麼算，台灣都是大輸家，不但大批本地人才被挖走，國外人才也進不來，惡性循環下，整體表現自然一直劣化。

在如此惡劣的大環境下，我們也沒有好好利用既有人才資源。當世界焦點從歐美逐漸轉移到亞洲，當亞洲的聚光燈從中國擴散到東南亞，台灣新族群——人數將近五十萬的新住民和他們孕育出的三十萬子女，理當是台灣前進東南亞時所需的最好人才庫。

二〇〇五年，我到台北縣服務，請教育局統計全台北縣有多少小朋友來自新住民家庭，教育局給我的數字是八分之一。我請他們分析這些孩子的學習成就，最高的是一般小朋友，新住民略低，原住民背景的孩子較為落後。

還記得當時教育局提供另外一個數字，全台北縣三百多所中小學，一年共有四百多個中輟生。我跟教育局長說，八分之一的小朋友若在入學後沒有好好教，最後可能造成幾千、甚至幾萬個中輟生，屆時國家要花多少社會成本，來面對所產生的後遺症？

從我所取得的資料中，可以發現他們的家庭經濟多處於弱勢，新住民媽媽的平均教育水平是國中，一大半幾乎不會說國語，在台灣很難找到工作。更糟的是，這些所謂新台灣之子們在學校普遍不願意提到媽媽，甚而以媽媽為恥，這讓媽媽們如何教小孩？在如此不友善的環境，媽媽們又要如何培養出人格健全的小朋友？

我要求協助新台灣之子融入學校，最終讓新住民媽媽可以安身立命。但首先碰到的問題是「沒錢」，縣府的預算沒科目就沒經費，整個計畫只能暫緩。

那一年農曆年，麗寶集團董事長吳寶田到我的老家泰山拜年，聊天時他談到一年捐給台北縣五百萬元，我問他捐錢做什麼？他說，補助縣政府辦活動、放煙火。我抓住機會繼續問，你一年最多可以捐多少？一千萬元，他說。

我聽到了。

為新住民擎起火炬

過完年後，我把新莊國小校長吳順火找來，一起討論寫出「新住民火炬計畫」。我們的構想是從新莊開始啟動，全校有一百名、或是十分之一的學生來自新住民家庭，就列為重點學校。

學校須肩負好幾項任務。白天為孩子加強課業，讓他們可以趕上一般程度，晚上開課教媽媽講中文。身為傳道授業解惑的老師，更重要的任務是教育孩子平等對待所有背景的人。在我看來，需要再教育的何止是小朋友，我們整個社會都充滿歧視的暴力語言，間接、直接影響孩子。

例如，過去社會習慣稱呼來自中國大陸的新住民為「大陸妹」，看似無關緊要，造成的傷害卻可能無可彌補。有次，我到學校視察火炬計畫的實施狀況，問一個小朋友，你媽媽是哪裡人？他別過頭，不理我，我以為他沒聽到，再問他，連續兩三遍後，他突然脹紅了臉，用憤怒的口氣大聲說：「我媽媽是大陸妹。」

我可以感受到，這三個字對他的傷害有多大。他的媽媽被社會貼標籤，連他都瞧不起自己的媽媽，試問，這個媽媽要如何教育自己的孩子？這樣的孩子在陰影下長大，如何成為健全的國民？未來他又要如何教育自己的下一代？這些問題一層又一層，全都扣連在一起。

新住民火炬計畫設定的經費目標是一千萬元，在新莊區選定二十六所小學。我們寫完計畫後，我給吳寶田董事長一個「驚喜」，他也如約把一千萬元捐給我們，成為點火的源頭。

拿到資源後，第一件事情就是成立工作坊，寫教材、編教案、辦訓練，還要進行家庭訪視，了解每個家庭的狀況。同時針對孩子的白天班，以及媽媽為主的晚上班進行設計，鼓勵媽媽走出家門，到學校上課的同時，要顧慮到她們可能有小小孩要照顧，因此要同時開辦安親班。

一切看似就緒，但我認為還不夠。我告訴吳順火校長，我們要鼓勵小孩學媽媽的語言，這才是孩子該學的「母語」，有部分學校因此開辦越南語、泰語、印尼語等不同語言班。

台北縣就這樣風風火火地擎起火炬。計畫開始的第一年，我去學校進行了解，看到很多新住民很害羞，看到人連頭都不敢抬起來，經過四年的扎根，我再去拜訪，發現每個人落落大方，不僅走出家門、有的進入職場，還協助同鄉一起站起來。

最值得驕傲的是，那時一般人打台北縣政府公務電話，接電話的總機可以用八種語言來回應，這些全都是新住民媽媽。

新住民火炬計畫慢慢走上軌道，我更確信我們是往對的方向走。但經費來源確實是難題，不能一直靠企業贊助。於是，我跟縣長周錫瑋報告，我們有必要成立和新住民事務相關的局處，也得到他的支持，只是到了縣議會被打回票，因為這些人沒選票。

在我的堅持和推動下，台北縣政府在教育局下設置新住民事務科，既然有主管單位，就有人員編制，同時也有了政策和預算。第二年開始，新住民火炬計畫進入體制內，從新莊推廣到全台北縣。有一年，萬里國小的學生成績排名，全校前三名的小朋友都是來自新住民家庭，我更深切體認到，這些小朋友有可能比我們還優秀，只要我們不放棄。

將火種送到全台灣

轉往內政部任職後，我仍沒有忘記心中的那把火炬。在內政部移民署下設有外配基金，但過去經費多用在辦美食節、文化節等等活動，找新住民媽媽們唱歌、跳舞，錢花了、大家也同樂，但似乎缺乏更具體的實質效果。

我從二〇〇五年到台北縣政府任職，二〇一一年進入內政部，中間不過六年時間，新台灣之子的數量一直在增加，台北縣中小學生來自新住民家庭的人數，從過去每八人中有一人，快速增加到每五人中有一人。

移民署長有次見到我，跟我說，部長，不得了了。原來他去澎湖訪視，發現有個學校的學生幾乎都來自新住民家庭，只有三個人的媽媽是台灣人，離島和偏鄉都是如此。

這讓我更積極想要將在台北縣燃起的火炬，燒到全台灣。因為可能有很多家庭，錯誤地將新住民媽媽當作生育工具，但不要忘了，媽媽在教育小孩、養育小孩的過程中，所扮演的角色沒有人可以替代，這也是人口政策中，非常重要的一環。

因此，我跟移民署提起火炬計畫，並說我們和時間在賽跑，因為孩子很快會長大。移民署的同仁開始有些遲疑，回應這是教育部的事情。

但這是教育部的事嗎？這是全中華民國的事。將時間快轉到二〇三〇年，台灣年輕人中十三・五％來自新住民家庭。若在他們進入學校之初，不好好教育，讓他們融入社會，以至於疏離感愈來愈大，即有可能成為台灣社會的不定時炸彈，未來一年投入十億、百億可能都不夠。

若我們給予適當而妥適的教育，等到他們長大，台灣會有超過一成的年輕人精通東南亞語系的語言，自然而然成為台灣的潛在競爭力，更可能是台商進入東南亞市場的尖兵。

在這樣的思考下，有了最新的新住民火炬計畫。移民署從外配基金撥了兩億元，並說服教育部編列四千萬元，我們嘗試將火種送到全台灣。

移民署以台北縣當時鎖定重點學校的標準，全校有超過一百名或是十分之一的學生來自新住民家庭進行篩選，結果有兩千多所學校符合。但即使採取更細緻的三級制，一所學校補助從二十萬到六十萬元不等，二億四千萬元也只能輔導三百多所，再加入民間來的善款，還是不到四百所，另外五分之四都是遙不可及。

但我最欣慰的是，移民署從原來的抗拒，到後來士氣大振，態度更從完全陌生到積極投入，因為他們看到新住民媽媽和小朋友的改變，不但站起來，更勇於表現自己。

我快離開內政部時，心中念茲在茲的除了國土規劃之外，就是新住民火炬計畫。於是，我去拜會馮燕政務委員，希望她幫忙關照這件事，必要時給教育部和內政部壓力，千萬不要讓火炬計畫從此熄滅。

因為台灣的人口，不但數量在減少、品質也在劣化，完全是因為社會給予的土壤過於貧瘠，即使灑下最好的種子，也無法長出漂亮的樹、結出圓滿的果實，最後終將面對的是一片荒蕪的大地。

經費用對了，效果將是千萬倍

幾個月前，過去一起進行火炬計畫的老夥伴來找我，他們擔心移民署外配基金的兩億元經費，明年可能不編了，還有現行計畫內的新住民重點學校四百所，全數都在小學，沒有中學，但中學生和小學生的需要不同，且孩子的成長期這麼長，從國中、高中到大學，都需要有人適時拉一把。

人，永遠是最難解的謎題，也最需要投注資源。美國相當頭痛的華青幫，以及東南亞移民組成幫派，就是因為過去在教育上漠視和輕忽的結果。台灣號稱治安良好，是因為有完善的社會結構，就如今天我們明明看到已有缺口，但只會捐錢、丟沙包，卻沒有完整的政策和配套去補足缺口，無異是利用防堵的方式來治水，投入再多的經費也只是付諸流水。

但經費若是用在對的地方，獲致的效果絕對是千倍、萬倍。

所以，過去幾年我獲邀去扶輪社演講時，常跟在場的企業家溝通，與其捐錢到各地蓋扶輪鐘，不如認養當地的新住民學校，或是捐給外配基金。我也在拜訪宗教領袖時，趁機告訴他們，這是台灣最大的危機，只要問題擴張到某種程度，整個社會很可能就此失控，若是我們現在願意投資，一切都還來得及。

遺憾的是，這件事從頭到尾都不在政府的施政優先順序中。

我心中的憂慮，就如同一顆巨石沉入黑暗的深海。從反映出的種種跡象，我們已經預見，這將是比氣爆和食安更大的未爆彈。孩子一直在長大、怨氣也不斷在累積，當到了承受不了時突然引爆，社會只會陷入一籌莫展的境地。

在這些新台灣之子還小的時候，一所學校一年只要花六十萬元，就可以引導整個社會回到正確的方向。等到他們長大，社會無法承受過去輕忽的後果時，花六十億、六百億可能都無法挽回。

人口政策，才是國家目前最需要認真對待的議題。從少子化、老年化，老人安養制度和老人都市設計，到移民政策、人才政策和新住民教育政策，環環相扣，每一環都不能漏接。但我所看到的是，每個部會都很會說，卻沒有認真當一回事在做。

為何我敢這樣批評？因為政府部會雖然訂出政策，卻沒有明確、可供評估檢討的指標。

政府治理不但要有明確的方向和目標，還要有落實的指標和期程，以進行考核和管理，而在考核的同時，還要能發掘部會的不足，給予他們所需要的協助。這樣的管理，才能將政策滲透到每一處，甚至是最細微的末梢神經。

13

從荷蘭到台灣

我們還有多少十年可以浪費

——

荷蘭有計畫、有節奏，全方位面對問題並且逐步落實。台灣卻還在原地踏步，用最傳統的思維方式面對一個未知的巨大變局。我的心情無比沉重。

二〇一三年冬天，我受邀到英國，參加一項大型國際研討會，談台灣面對氣候變遷的治理經驗。

我從災害潛勢圖一直談到防災地圖的完成和應用，與會的各國專家都很訝異。對他們來說，這些還停留在概念和理論階段，台灣居然著手做出來，顯然，我們落實氣候變遷的策略和執行力受到國際認可，台灣的表現出乎他們的意料之外。

今年中，有位荷蘭專家在政府部會邀請下到台灣，指名一定要跟我碰面。原來是荷蘭針對氣候變遷開始要檢討下一階段計畫，他希望透過我這幾年的行政經驗，以及在台灣執行的案例，給他們有用的建議。

荷蘭的啟發影響深遠

事實上，回想我一路以來的成長軌跡，荷蘭經驗對我的影響相當深遠。從在台北縣時期所做的人工濕地、中港大排、環境教育到新住民火炬計畫，都是受到二〇〇〇年到二〇〇五年間在荷蘭擔任客座教授時，所參與國際計畫得到的啟發。

我和荷蘭結緣在一九八七年。那年，我還是個在學界剛起步的年輕學者，要到瑞士參加國際會議，中途先飛到荷蘭首都阿姆斯特丹，並利用空檔去參觀台夫特水工實驗室，那是當時全世界最知名、也最先進的水工實驗室。

相對於我的母校愛荷華大學水工實驗室，雖然也有名氣，但愛荷華所談、所教都是美國經驗，那時候的荷蘭水利工程已經相當發達，放眼全世界都是他們培訓出來的人才，到各國去擔任工程顧問，令我相當好奇。

還記得那時用的錢幣還是荷蘭盾，我們在阿姆斯特丹落地後，坐火車到德國法蘭克福，坐飛機飛到蘇黎世，再搭火車到洛桑，除交通工具從天上飛的飛機換到陸上跑的火車，更從荷蘭盾換到德國馬克，再換成瑞士法郎，是一趟非常有趣的旅行。

第二次造訪是相隔十餘年後的一九九八年，我陪省長宋楚瑜到歐洲訪問，特別拜訪國際水利環境工程學院（International Institute for Infrastructural, Hydraulic and Environmental Engineering, IHE）。這所創設在一九五七年的學校，最初設立目的是幫開發中國家建立水利環境，提供工程人員的職能提升訓練和國際碩士教育，包括中南美洲、非洲、中南半島、東南亞和中國等都爭相派員前往受訓。

省府時期，每年都會送人到IHE，接受為期一年到一年半左右的課程和訓練。曾任自來水公司總經理的陳福田以及台南市水利局長李孟諺，都是在那段時間送去的優秀人才。

注重實務操作和經驗培養

那次的造訪，令我印象深刻。我們到學校參加畢業典禮，也去了解教學狀況和學生上課情形，發現IHE除教學、訓練之外，相當注重實務操作和經驗的培養。IHE還以第三世界國家的需求做為目標導向，鼓勵教授到各國政府擔任顧問，從印尼、巴勒斯坦到以色列，從東南亞、非洲到中南美洲國家都有他們的足跡，也因此雖然是大學教授，在國際上卻相當活躍。

為了因應實務需要，學校將課程拆成四個模組，一門課有四大區塊，由不同人授課，以方便教授到國外交流擔任顧問。而每一個模組都可以自成短期訓練課程，除了正規碩博士學程之外，更有利於國外學生或在職人員選修。

ＩＨＥ雖然小，但是在國際上，尤其是水利工程界、環境工程界的影響力非常大。中國黃河委員會和水利部，每年固定派一百人去受訓，現在中國包括太湖治理、瀾滄江研究、黃土高原泥沙治理、山東沿海濕地研究等等重大水利計畫，都和荷蘭有密切關係。

我也在那趟拜訪中，了解到荷蘭曾經在二次世界大戰之後，一九五三年遭逢大水侵襲，海水倒灌、堤壩被毀，造成一千八百人死亡。

但荷蘭把危機當成轉機，甚至變成商機。隔年開始，在萊茵河、馬斯河和斯凱爾德河三河交匯入海處設計三角洲工程（Deltawork），在鹿特丹以南的海灣之間修築一系列堤壩和防洪壩，直到一九八六年完工啟用。

荷蘭在過程中投入龐大經費，成立研究單位和學校從事水利相關基礎研究，對海象、潮汐及河川水文、水理有充分的掌握及了解，利用工程手段解決淹水問題，並將技術輸出，成為全世界水利環境工程輸出大國。最後，荷蘭政府更透過國際談判，在二〇〇三年讓ＩＨＥ成為聯合國教科文組織下的水利機構。

這趟參訪，透過校長Segeren的安排，雙方建立非常深厚的關係。

從荷蘭返國後，在一九九九年也就是凍省第二年，我們找了幾位好朋友募款成立「宋楚瑜基金會」。當時是發現凍省後，水利署送人出國進修多僅止於短期，有心向上的公務員苦無適當管道，於是決定透過基金會形式，開放申請送這些人去受訓，一年給予三萬歐元。

隔年，我受邀到IHE擔任客座教授，挽起袖子參與實務計畫。在這過程中，前省長宋楚瑜正逢參選總統敗選。有天，他告訴我，選舉經費還有結餘款，他願意撥出一百萬美金成立基金會，讓台灣和荷蘭的關係藉由水利合作不中斷。於是我們在二〇〇一年成立國際水利環境學院（Taiwan International Institute for Water Education, TIWE），既是荷蘭在台灣的窗口，也是IHE在台合作夥伴。

加入國際計畫打開眼界

當時我除每年遠赴荷蘭進行演講之外，並幫ＩＨＥ規劃POWER PROJECT。因為開發中國家要派員到荷蘭受訓，耗費的成本太高，大部分人也無法離開工作職位長達一年，為了讓更多人受惠，因而開始籌劃國際網路教育，也就是「線上碩士課程」。

考量台灣的軟硬體相當先進，在宋楚瑜基金會的支持下，我們和交通大學合作，由專家學者組成團隊，協助建立線上水利環境教學學程。遠距教學的軟硬體建置完成後，放眼最大的市場在中國大陸。中國固定一年送百人到荷蘭，以每人成本三萬歐元來算，耗資龐大，但以比例看來，對大陸水利界的實質助益有限。我們開始思考，若能將荷蘭教授請到中國，以同樣經費可以訓練造福更多人。

另外中國水利技術慢慢成熟，全世界最會蓋水壩的國家是中國，而不是荷蘭。非洲國家的學生要學水利工程，荷蘭因為已經從工程導向慢慢變成管理導向，對他們來說並非最佳選項，加上開發中國家仍然是工程導向，到中國學習自然更為恰當。

所以，我們緊接在南京水科院設立學程，慢慢從教學方向思考，改變水資源、水利用概念，於是和他們一起啟動SWITCH計畫。從POWER再到SWITCH，企圖幫助中國及所有開發中國家解決問題。

在國際水利界，荷蘭不論是工程技術或是觀念，都是最先進的國家之一，我可以在最先進的國家擔任教職，這對我是專業上的認可，能參加POWER和SWITCH計畫，更讓我在專業領域上有更大的視野。

此外，台灣人因為缺乏參加國際組織的機會，和國際人士開會的經驗受到限制，這對我也是很好的訓練機會，學習到如何和國際人士交往，主持國際會議，甚至是挽起袖子一起工作。

可能有許多人認為我的看法和一般專家學者或內閣閣員不同，我認為，這和我在那段時間自我磨練、自我訓練有關，尤其是我始終強調的「全民對話」和「公民參與」，都是源自於荷蘭。

在一次國際永續發展的精神領袖論壇中，有來自全球各地的專家參與。在開會前，主辦單位找來一位印度教上師，先帶領大家打坐十分鐘，幫助在場的人穩定情緒、集中力道，再開始進行對話。

那次會場內的參與者，來自世界各國，說的是不同語言，但在上師的帶領下，自然而然安靜下來。接下來的重頭戲是將與會者分成好幾組，每組都有引導對話的人，針對問題進行討論，每組將討論結果寫下，並貼在大板子上，從這些不同的意見逐漸歸類，再從中深化，讓一群不同背景的人，透過深度對話、慢慢聚焦，在分歧中達到異中求同，最後定出大家認可的大方向，這就是參與式決策。

剛開始我感覺很不習慣，因為台灣教育教導我們，都是聽專家、聽權威講就算，但在荷蘭，我才發現即使專業領域的權威教授也只是其中一個成員，人人角色平等，大家都是夥伴關係，這給我很大的啟發。

啟動跨國三角洲聯盟計畫

二〇〇三年，因為體認到氣候變遷的危機逐漸逼近，荷蘭開始討論該何去何從，定出因應和調適變遷計畫。

因為荷蘭是全世界四十個最容易受災的地區之一，當氣候變遷加劇，造成的災難包括海平面上升、夏天乾旱和發生洪水的機率增加、鹽分入侵土壤、極端暴雨愈來愈常見，以及乾旱發生時間延長、土壤含水量愈來愈少、地盤下陷等等。

在這些衝擊下，如何在氣候系統和社會系統之間，透過因應調適達到新平衡，是國家的重要課題。

荷蘭一開始進行因應氣候變遷的相關政策論證，從科學研究、產業轉型、組織改造、法令制定到國土規劃等各個不同面相切入。

他們首先定義什麼是氣候變遷？為什麼引發氣候變遷？氣候變遷會對社會帶來多少衝擊？現有科技是否可以消弭這些衝擊？要花多少錢來辦這些事？最

後誰來執行此一艱鉅的工作？

因為從過去的經驗，政府每一個政策的制定都影響深遠。尤其是面對氣候變遷，不但涉及各級政府的運作和法令修訂，土地使用標的將重新制定，更足以讓大部分人的生活起了翻天覆地的變化。

為了讓受到影響的人民能充分了解並表達意見，荷蘭花了兩年的時間，進行將近四千小時的全國對話，取得大方向的共識後，再進行細部規劃。

政策的擬定需要專業的支撐。荷蘭投入大量經費，在二〇〇四年到二〇一二年間共投資三．五億歐元（台幣約一百四十億元），整合全國主要大學及科研單位，全面從事各種研究及分析。之後，再將研究成果和對話所擬定的初步方案相互印證，於是分歧逐漸消弭，最終達成多贏的共同目標，交給相關部會逐步落實。

考量氣候變遷引發效應，荷蘭必須承擔萊茵河集水區增加的水量，河川的通洪能力已不是傳統的工程手段能解決。因此他們將調適策略，定位為「與水共生」（room for water），利用都市設計手段，改變土地使用標的，增加行水及貯水空間。

這當中涉及遷村、安置及地方政府財務等，總計含三十五個子計畫，投入預算高達二十三億歐元（台幣約一千億元），預計在二〇一五年完成。計畫主軸除了將空間還給自然，增加河川的滯洪空間，並降低鄰近城市的淹水風險外，更結合沿岸城市的都市計畫，打造水岸空間。

我曾經參訪鹿特丹附近的案例。為了拆掉位於 Dorech 城附近，屬於萊茵河的一段堤防，政府規劃要將一大片從一九八〇年代就開始屯墾的牧場，挖掘成為滯洪池。

但牧場上的農戶配合意願並不高，且意見相當分歧。負責單位花了兩年時間和農民展開對話，並提出優惠的配套措施。願意搬走的農戶，政府承諾協助在荷蘭東部取得土地以重建家園；不願意離開的農戶，則協助他們將房屋及牛棚改建在土丘上，平時可如常使用土地，洪泛期間也有避災空間，達到雙贏的目的。

在拆除堤防的施工期間，幾乎沒有遭遇任何抗爭。更值得一提的是，荷蘭在積極面對氣候變遷挑戰的同時，同步成立跨國的三角洲聯盟，希望透過這一聯盟的運作，將荷蘭經驗輸出到世界各國，共同面對人類有史以來最大的敵人——氣候變遷，同時也爭取他們在特定領域的發言權及主導權。

所有改造從大學發動

事實上，我還是三角洲聯盟的原始發起人之一。這項計畫強調的是如何建立政府和研究單位、民間的夥伴關係，計畫架構是朝向參與式規劃，讓所有利益相關人坐下來討論，最後再推向國際，邀請全世界國家和城市進入。

在進入對話前，要有很強的科學分析才有說服力。但要如何和科學相結合，變成行動方案？他們找到十五個國家中的三十三所大學，設定十二個城市做為示範點，每個城市的問題都不同。

荷蘭最讓我驚豔的是，所有的改造都從大學啟動，大學間的合作非常密切。如全荷蘭只有一所大學有土木系，除資源集中之外，必要時由這所大學領導其他學校一起參加計畫。大學做的所有研究，都可以供政府實務運用，從大學研究到政府決策之間，更有機制反覆進行檢討。

除此外，他們要做的是讓全世界都來參加三角洲聯盟，利用別人的長處來訓練自己，充實自己的能量。尤其不同城市有不同的情境，遭遇不同的問題，更需要提供不同的角度、觀點和選項，因此所找到的示範熱點各有不同。

比如在台灣，我們討論後挑選的是大台北防洪、嘉義地盤下陷區和南部乾旱問題。對荷蘭來說，他們好奇的是大台北防洪花了台幣兩千五百億元，對一個擁有八百萬人的都市，遭遇極端氣候時，台灣政府要如何面對這問題？他們也沒有答案。但如果能弄清楚，找出最適合的方案，對他們是很好的資產。而嘉義東石地盤下陷的困境若能獲得解決，這個經驗就可以運用到中國東南沿海和印尼等地區。

所謂的熱點都市從海岸到河川，從經常淹水地區到受到乾旱之苦的區域，每個熱點都面臨不同的問題，希望能藉機創造空間給水流，並幫助區域整合發展。

因為台灣和荷蘭一樣都是地狹人稠、資源缺乏的國家，不約而同開始規劃因應氣候變遷的政策，因此在三角洲聯盟草創之初，他們對台灣表達濃厚的興趣，主要是看重台灣的水利相關科技能力，在亞洲國家中可說是佼佼者，面對許多荷蘭所沒有的挑戰，卻有能力提出解決的方案和技術。

他們希望能透過機制，一方面協助台灣解決本身的問題，更期待台灣能透過這樣的合作關係，發展出產業進而輸出技術，協助其他亞洲國家建立當地政府的相關職能（capacity building），解決他們自己的問題。

台灣錯失國際班車

猶記得當年，我很熱心地邀請荷蘭的計劃主持人瓦罕寧恩大學（Wageningen University）Von Viersen 教授，拜訪當時藍綠政府的高層官員，政府也表達高度興趣。可惜的是，十多年過去了，研討會辦了不少，來自荷蘭和各國專家也絡繹於途，來到台灣給予各種建議，但關鍵工作一直沒有落實，也因此錯失一個可以積極參與的國際平台，輸出台灣經驗以及引進國際新觀念的暢通管道。

每年三角洲聯盟都會在世界各地，舉辦各式各樣研討會，也會邀請我這位老朋友參加，但我一直都不敢與會，因為我無法向他們解釋，為何台灣會錯失這班重新加入國際社會最好的班車，為何當初政府的承諾也沒有兌現。

如今荷蘭有計畫、有節奏，全方位面對問題並且逐步落實。十多年來，荷蘭的政府組織改造了，相關法令修訂了，國土計畫的觀念也改變了，連學校的學程都不一樣了。台灣卻還在原地踏步，用最傳統的思維方式面對一個未知的巨大變局。

我卻只能眼睜睜，看著一切在發生。

事實上，我從台北縣政府到內政部服務，所執行的政策都是從POWER和SWITCH計畫，以及之後的氣候變遷與調適計畫，慢慢演變出來。

如在台北縣期間，我所做從開發三百公頃人工濕地、中港大排整治工程，以及衍生出的環境教育，一再強調運用網路和線上教學，這其中都有POWER計畫的影子。另外我也試著訓練學校校長和縣府一級主管，幫助他們除既有的管理者身分之外，如何變成真正的領導者。

真正的領導者，不只是透過管理手段讓組織內人員好好做事，更要進一步把同仁的潛能激發出來，讓每個人在位置上發揮最大效用。不同於台灣習慣的東方式領導，往往是「我說了算」，真正的領導，應是在激發眾人的潛能並運用眾人的集體智慧。這套對我很受用，從台北縣到內政部，我不斷自我訓練，以帶領同事蓄積更大能量繼續前進。

三角洲聯盟計畫啟動後，在全世界找出十二個示範城市，以確認概念成熟可以操作，雖然台灣最後並未加入，但我也將所學到的觀念運用在後來推行的政策中，如防災型都更。

因為荷蘭強調的是產官學攜手合作，從學校發動，涵蓋中央、地方甚至社區，將學術研究和政府決策反覆驗證後，進行修正。在明確的目標下，從學校、地方政府到中央政府的職能同步提升，落實到大、中、小計畫，最後再回饋到學校，成為教學和科研內容。

等到計畫完成，不但大學提升，技術更已經成長，就有機會變成產業。政府剛開始投入的資金，最後成為賺錢的產業，這就是我們要學的「企業精神」。

所謂具有「企業精神」的政府，應該是政府將投入的資金交給大學，學校進行財務規劃，以政府給的錢創造最大利益，並落實在每個計畫中，從而衍生出訓練課程和諮詢顧問等工作，協助中央和地方政府職能提升，所有投入的錢都可以回收。在政府部門工作中，我所做所為都是根源自這樣的思考，這其中最重要的兩個關鍵字，一是夥伴關係、一是職能提升。

另外，公民參與、全民對話也是荷蘭的政策能落實的關鍵。但在台灣，政治人物和媒體是否有耐心和決心，透過兩年的對話來弭平爭議、尋求共識？

我必須再度強調，台灣不用羨慕荷蘭的成就，而是要學習他們形成決策的過程及落實真正民主精神。

面對氣候變遷，我們已經落後十年，還有多少十年可以浪費？當下一波災難來臨時，我們真的準備好了嗎？

14

一流國家需要一流夥伴

國家制度是造成無法進步的幫凶

——

現在的台灣如同一個罹患重症的病人，
大家忙著找醫生，拿一堆藥拚命補，卻造成身體的負荷更沉重，
忘了只要人的體質調好，自然就會恢復健康。

今天的台灣，整個社會都在關注食品安全、房價到教改等各式各樣問題，但所有討論都只看到問題表象，沒有看到問題的根源——法令、制度和政府運作方式，其實才是關鍵。

每次去幫高級文官上課演講，我都會提醒同仁，看到人家進步不要羨慕，

而是要學習他們為何會做出這樣的決策？他們的法令和制度規章跟台灣有何不同？其他國家的公務員平均學歷沒有台灣高，為何可以有新觀念？

台灣被自己的民主制度綁架

這當中非常重要是政府運作的彈性。台灣的公務體系沒有彈性，公務員的想像力和創造力不被鼓勵，甚至不被允許。因為採購法、人事制度等法規全綁死，好人才在僵化制度中無法發揮，好創見在層層框架中被磨得消失殆盡。

過去，外國記者採訪國土規劃相關議題，新聞局都會安排到我的辦公室，當我談完之後，他們都覺得沉重，問說：「李教授，是否可以給最後的評論？」我的最後評論是，「我們的國家被自己的民主制度給綁架了。」

台灣從一九八七年解嚴後，經過二十七年的民主發展，但走到今天，大家開始產生懷疑，這樣的民主是民主嗎？真正的民主是這樣運作的嗎？台灣到底是民粹、還是民主？台灣社會有足夠公民意識，以及建構公民社會的基礎嗎？

從我過去在政府服務的經驗，我可以想像，不論是立法院或行政院，當我們談「台灣要如何成為一流國家？」他們沒有興趣，因為官員和立委要做的是明天、後天，一年後可以看到成效的事，若三年後還沒有成果的議題就不碰，因為這是下任的事情。

人人都想要立竿見影，不願抬起頭看看未來，以至於愈小的事情，愈用顯微鏡去看，愈大的事情愈沒有人在意。這才是台灣的最大危機。

國家制度是造成無法進步的幫凶

國家制度往往造成國家無法進步。有沒有人想過立委選舉採用小選區制度，對國家造成的傷害？按照現行制度，立委的選區比市議員還小，以新莊來說是三十萬人選一個立委，但看看新北市議員選區，單一個選區就涵蓋新莊、泰山、五股和林口。

小選區造成的結果是，我們的國會議員為了爭取選票，要更專心做選民服務，關注的都是選區內事務，如此一來，誰還願意談國土規劃、談能源政策，或是水的回收再利用？對立委來說，擺在眼前的事實是談這些沒有選票，也不會有人支持，造成立法院內談的不是攸關國家長遠發展的政策，視野也愈來愈限縮在眼前事務。

我常說「台灣是民粹治國」，從能源政策更可以看出脈絡。在台灣有三樣東西永遠不能談，油價、電價和水價。記得我曾在好幾次的演講場合，談到合理水價應該是每度二十二元，相較於現在平均水價一度十元，價差超過二倍之多。

隔天，經過媒體報導之後，不僅名嘴修理、立委也修理，說這人贊成調高水價，我們要替百姓看緊荷包。結果是水利署談節約用水談了三十年，民眾的概念仍停留在馬桶內放寶特瓶，工廠廢水回收也沒有變成產業。

眾所周知，台灣資源缺乏，政府必須用高價格對外買能源，卻又採取補貼措施，補貼民眾也補貼大企業，結果造成企業愈來愈沒有競爭力，不願意花錢投資研發新能源，進行清潔生產。

政府一味補貼電價，讓業界用便宜的電費價格去生產太陽能板，台灣的太陽能板產量占世界前三名，但又因為電價太便宜，民眾和企業都不願意改用替代能源，業者只好賣到歐洲。

當歐洲用台灣生產的太陽能板取代燃煤發電，將碳足跡降下來，再回頭指責台灣製造的產品碳足跡太高，甚至在可見的未來，可能對我們的外銷產品徵碳稅，進行抵制。

小國卻用大國邏輯思維

這是非常諷刺的事，偏偏卻真實發生。台灣明明是小國，但所有思考都是大國邏輯，凡事以「為了照顧人民」為藉口，以致油、水、電價都無法反映合理價格。

如果油價、水價、電價都不能談，無法進行調整，台灣就無法產生循環經濟，不論是小水利發電，太陽能、風力發電，在台灣都做不起來。因為電價低，台電收購電價更低，以小水利發電而言，台電只願意以一半價格買，這樣的不平等條約，根本無法鼓勵業界投入。

當哪天台灣的門被迫打開，世界各國都開始執行《京都議定書》的要求，我們可能才愕然發現大企業在國際沒有競爭力，因為所製造出來產品的碳足跡太高，歐美各國不會買。但要大企業去投資研發、採用替代能源、做水回收再利用，他們又不願意，因為水、油、電價都便宜，沒有必要花大成本去做。

這等於是全國都在吃迷幻藥。我們就像是蹲在鍋裡，等著被溫水煮的青蛙，等發現情況不對時，可能已經跳不出來。

反觀同樣沒有資源的小國新加坡和以色列，他們雖然是缺水國，卻也是水回收再利用的技術輸出國，將全然的劣勢變成獨特的優勢，人家做得到，我們為何做不到？

回到根本面健全民主制度

台灣該做的是回到根本面，不要停留在問題表面，從法令制度、政府運作方式以及形成決策方式，以民主精神真正落實。

當根本面弄通，其他自然水到渠成。事實上，假如台灣的民主制度健全，立法機構自然會認為以上所談議題，攸關國家長遠的發展和未來，就會落實在立法過程中。只要建立法制，行政單位就會照做，當然就水到渠成。

現在的台灣如同一個罹患重症的病人，大家忙著救命，從各器官著手想努力治好，找一堆醫生，拿一堆藥拚命補，卻讓身體的負荷更沉重，忘了只要人的體質調好，自然就會恢復健康。

這也就是說，只要能把民主制度和價值，反應在法令制度和政府運作的方式上，我以上所提到的新觀念、新潮流就會變成立法精神，變成政府運作的指導原則，以台灣的民間力量之強大，和國民普遍具有高教育水平，應該很快會回到正確軌道上。

政府運作方式的改變，在於中央和地方、政府和民間建立真正的夥伴關係，在執行上強調強而有力的整合和協調，另外是法令制度和人事制度更有彈性，就能讓這部國家機器慢慢一步步往前走。

即使當前千頭萬緒，我們仍是要回到最根本。

人與土地 001

台灣如何成為一流國家

作　者——李鴻源
主　編——李宜芬
美術設計——化外設計
封面攝影——陳宗怡
責任企劃——張燕宜

董事長——趙政岷
出版者——時報文化出版企業股份有限公司
108019台北市和平西路三段二四〇號四樓
發行專線——（〇二）二三〇六—六八四二
讀者服務專線——〇八〇〇—二三一—七〇五
（〇二）二三〇四—七一〇三
讀者服務傳真——（〇二）二三〇四—六八五八
郵撥——一九三四四七二四時報文化出版公司
信箱——10899臺北華江橋郵局第99信箱
時報悅讀網——http://www.readingtimes.com.tw
電子郵箱——history@readingtimes.com.tw
時報出版臉書——http://www.facebook.com/readingtimes.fans
法律顧問——理律法律事務所　陳長文律師、李念祖律師
印　刷——紘億印刷有限公司
初版一刷——二〇一四年十二月二十六日
初版十刷——二〇二三年五月二十六日
定　價——新台幣三二〇元

時報文化出版公司成立於一九七五年，
並於一九九九年股票上櫃公開發行，於二〇〇八年脫離中時集團非屬旺中，
以「尊重智慧與創意的文化事業」為信念。

台灣如何成為一流國家 / 李鴻源著. -- 初版. -- 臺北市：時報文化,
2014.12
面；　公分. --（人與土地；001）
ISBN 978-957-13-6152-9（平裝）

1.臺灣政治　2.臺灣社會　3.文集

573.07　　103025303

ISBN 978-957-13-6152-9
Printed in Taiwan